介護は人間修行

一生かける価値ある仕事

黒澤貞夫
一般社団法人介護福祉指導教育推進機構 代表理事

日本医療企画

まえがき

　このたび『介護は人間修行──一生かける価値ある仕事』を発刊することになった。本書は介護福祉の本質を論じたものである。その意味では介護福祉の原論である。すなわち介護福祉の原理、原則を示すものである。介護教員、介護職員、介護を志す人、一般市民等すべての人々のための書である。特に介護についてその根拠を理解し、自らの現実に誇りと責任をもち、未来への希望を託するための書である。

　本書のタイトルは「介護は人間修行」である。まず、「修行」とは、自己の選んだその仕事に没頭することである。それは自己の生涯をかけることであり、またそれだけの価値のある仕事なのである。その根拠となるものは、介護の仕事に内在する人類の資産としての思想であり、人間生活の深みと広がりに求められるものである。この山頂へ挑む人間の姿は、ヒューマニズムに満ちた情熱である。近代社会は、いつの間にか、すぐに計量化して答えを求めようとする風潮にある。そこに便利さはあるが、困難を乗り越えて社会のために挑戦していく感動を失いかねないのである。本書は読者の皆さんに問いかけ、ともに考える書である。

　人はいつの時代にあっても、老い、病、心身の障害を担って生きている。しかし、人はどのような状況下にあっても、生活上のさまざまな困難を乗り越え、幸せを求めて生きている。それは、基本的には個人と家族を中心とした相互の助け合いによって継続されている。これは太古の時代からの人間の自然の情である。しかし、それら相互の関係に限界が生じてきたときに、そして、よりよく生きる

志向性が生まれたときに、人権思想にもとづく国家的な生活支援の理念が生まれ、法制度が誕生したのである。そして理念と現実をつなぐ専門職としての介護職が制度化され、その役割、機能が問われることとなった。この原点は、介護の利用者が人間に値する生活が保障され、その人らしい生涯を全うできることと、同時に介護職が自己の仕事に生涯を尽くすものでなければならない。

　本書では、これらの課題に応えるために、3つの視点から論じている。第1章：介護の本質、第2章：人間と文化、第3章：教育――である。この3つの論点について、介護の原論的立場から自由に論じている。この論説を通じて、介護は人間の本質に根差すものであり、理論と実践の体系的な統合の学であること、それは人類が戦乱、災害、飢餓、病、貧困の歴史的経験のなかから、人間としての幸せを求める近代社会の思想を基盤としていることを理解して、これからの教育、実践、学びの資産としていただきたいのである。

　本書は、私の福祉実践、福祉教育60年の経験をもとに論じたものである。本書の出版にあたっては、日本医療企画代表取締役社長の林諄氏をはじめ、関係スタッフの皆さんが、社会的使命と未来への情熱をもって、私の拙い経験、知見を活かしていただいたものである。ここに厚く御礼申し上げる。

黒澤　貞夫

CONTENTS
もくじ

まえがき ………………………………………………………… 3

第1章 介護の本質 … 9

介護は人間修行、一生かけて一人前………………………………… 10

専門性とは、学問として研究、研修しなければならないこと……… 16

「介護」を科学として根拠付けることは十分にできる ……………… 22

人格的変容が介護の本質………………………………………………… 26

介護職には社会的使命がある。人間が人間として幸せに暮らせる
ように支援することが介護職の使命である………………………… 30

人間の尊厳と自立について…………………………………………… 34

介護職は、目に見えない心の豊かさをどう考えるのか……………… 40

生きる人が十分に生きる条件をつくることが死への解決策である… 46

介護は人間の原点、ひとりの人間として向き合う…………………… 52

第2章 人間性と文化　　57

自立とは、死ぬまで人間らしく生きる意欲である……………………　58

毎日同じ人に会っていても、毎日が新しい……………………………　64

目に見えない感情を介護は伝える………………………………………　68

自分の人生は相手によって生かされている……………………………　72

自分を理解しなくては相手も理解できない……………………………　76

人間は一人一人が皆、現象と心の中にあることとは違う……………　78

何を知っているのか、何をしたのかではなく、
ともにどういう生き方をしたのかが問われる…………………………　82

文化はつくっていくもの、語りつがれていくもの……………………　86

介護の専門性は理論と実践の融合であり、
理論のない介護は空論である……………………………………………　90

第3章 教育　　95

「教育」とは、自分のもっているものを伝える、ということ………　96

「倫理」には2つの解釈がある …………………………………………　100

介護は人類の悲願である…………………………………………………　102

介護の仕事は「考えること」、常に問いかけるリーダーになる……　104

CONTENTS もくじ

ICFは介護過程のためにつくられたものではない。
建築材料である………………………………………………………… 110

世の中には、1人で生きていけない人が存在する
　——重度の心身障害者や認知症の人の尊厳と自立とは ………… 118

リーダーや教員は影響力を与える立場にあるゆえに
品格が求められる……………………………………………………… 124

第 1 章

介護の本質

介護は人間修行、一生かけて一人前

「人間修行」とはなんだろうか

心身を捧げて物事に没頭する

　まずは、「修行」について考えていきましょう。修行とは、精神を鍛えて学問や技術、芸術などを磨くこと。つまり心身を捧げて物事に没頭することが修行です。芸術家や作家は、あれこれと迷いながら考えたり工夫しながら仕事に心身を捧げます。彼らの仕事には到達点がありません。生涯、絵を描きたい、小説を書きたいと思いながら生きていきます。

　ここで「介護」について考えてみましょう。介護には入浴や排泄、食事の介助といった「介護の技術」が伴います。技術は知識や実践のテクニックとして教えられるものです。しかし知識やテクニックがあれば介護ができるのかといえば、決してそうではありません。確かに技術や知識が必要ですが、介護サービスを提供する側には、裏付けとして、利用者の悩みや苦しみを理解してその人を尊重する気持ちが不可欠です。

本当の意味の「技術」に転化

　人間の価値を理解し、知識を身につければ修行などは必要がないのでは、と考える人がいると思います。ところが価値や知識の本質

は学校の勉強だけでは十分なものとはならないのです。「人間の価値」「人権の尊重」などを言葉として覚えているだけでは、介護サービスを提供するときに活かすことはできません。

　たとえば順調に人生を送ってきた若者が、事故で大きな障害を負ってしまい絶望しているとしましょう。また、ある高齢者が、老いに伴い心身が不自由になり、人生に絶望を感じているとします。

　それでも人は生きていきます。生きる以上は、絶望を感じつつも、そのなかで幸せを求めていきます。介護サービスは、利用者たちの心身の状況を理解したうえで提供される必要があります。そこまでできたとき、価値や人権など言葉として覚えた知識は、介護サービスの現場で本当の意味の「技術」に転化することになります。

　「いかに人生を全うするか」は、人類が誕生してから現在まで人間につきまとっている問題です。介護はこの問題を直接的に問いかけられているともいえます。

さまざまな人びとに出会うごとに一生かけて考える

利用者の思いを考えなくてよいのか

　「そう難しく考えなくていい。入浴や食事のサービスを提供すればいい」という見方があるのも事実です。しかし、それでは利用者の絶望、悲しみ、不安はどうなるのでしょうか。そのような状況を一生抱えて生きていけるほど人はタフではなく、どこかでそれを乗り越えなければ生きてはいけないのです。人間は本質的に「どのような状態にあっても幸せに生きていきたい」という思いをもっています。

　利用者のこうした思いを介護サービス提供者が「考えなくていい」というのは現実的ではありません。人が悩みを一人で負うのは大変

なことです。どうしても他者の支えが必要となります。利用者の場合は身近な介護サービスを提供する人とのかかわりが多いでしょう。そのようなとき、技術だけ提供すればよい、利用者の思いを受け止めるのはサービスの範囲外だ、といえるでしょうか。

介護は技術だけの問題ではない

　私は若いころに重度障害者の施設に勤務していました。事故や病などで大きな障害を負った人の絶望は大きく、健康に配慮して訓練に励むといった意欲を失うことも少なくないのです。生きていく意味があるのかといった思いをもつことも少なくありません。女子師範学校（現在の教育大学）を出た女性は、どうしても入浴介護を受け入れてくれませんでした。

　こうした場面に直面したときに介護職は「どうしたら生きる力を回復してくれるのか」、あるいは「入浴サービスに応じてくれるか」を考えます。プライドが高く、服を脱ぐことに恥ずかしさを感じているのかもしれない。あるいは認知症から服を脱ぐ意味がわからなくなっているのかもしれない。さまざまな要因が考えられますが、人により状況は異なりますから、教科書それ自体からは学ぶことはできません。

　介護職は思いあぐね、さまざまな工夫をします。この段階で介護はすでに技術だけの問題ではなくなっていることがわかります。

　人間の価値や人権の尊重といった知識をもち、適切な技術を身につけたうえで、さまざまな出会いのなかで自らを問い、一生かけて考えていく——これが「介護は人間修行」の意味なのです。

「一人前」の意味を考えてみよう

「一人前」には2種類ある

　次に「一人前」について考えましょう。ひと言でいえば、「一人前とは努力目標」です。

　たとえば家を建てる、壁を塗るといった職人の世界では、それができれば一人前の職人と認められます。もちろんその上の世界もあり、究めた人は名匠と呼ばれることもあります。

　一方、デザインや設計、芸術や小説はどうでしょうか。これらの世界の一人前には到達点がありません。つまり、2種類の一人前が存在することになります。

　介護の世界ではどうでしょう。ここにも、2種類の一人前があります。専門職として、利用者が満足できる援助をすることができれば、その人は一人前といわれます。しかし先ほども述べたように、「一生かけて迷いながら探求していく」到達点のない一人前もあります。

　人の心や幸せには形がありません。心のひだを捉え、利用者の幸せを求めていく芸術にも通じる一人前をめざしましょう。抽象的なようですが、方法が見出せないときに「寄り添う」ことができる人が一人前です。これには、到達点はありません。

　到達点のない努力目標である「一人前」をめざすには、どうすればよいのでしょうか。

　物理学は計量し、計算して実証することができる世界です。これを一般に「客観」と呼び、一方、「心の豊かさ」「幸せ」のような計量できないものを「主観」と呼びます。事実、近代科学の発展は客観を中心になされてきました。ところが、「主観」であるはずの心の豊かさですら、物質が満たされれば心も豊かになる、と思い込み、「客観」的に計量できると捉えられているのです。このことは現代

社会の大きな課題となっています。

介護の世界で一人前になるには

　介護の世界で一人前になるには、どうすればよいのでしょう。介護の本来の目的は、利用者が幸せになることですから、サービスを提供することは、そのための手段のひとつです。最終的には介護職は利用者の生活の豊かさを支援することをめざします。その生活支援は毎日行います。生活は連続していますから、介護は「その人の一生を支えること」となります。

　生活を支えることを通じ、その人がいかに生きるか、生活を豊かにできるかを考え、生きる意欲をもってもらうように支援するのが、介護の基本的課題なのです。

　学問として介護を考えた場合、これは人類がいまだかつて直面したことのない学問体系といえるでしょう。近代以降、学問は包括的なものから分化する方向で進んできました。しかし、学問としての介護は、これまで人類が分けてきた学問をひとつに収斂(しゅうれん)させていく学問と考えることができます。私たちは生活支援を通じ、利用者の生活を支えるために学問と向き合わなければなりません。

　この項のテーマ「介護は人間修行、一生かけて一人前」とは、一生かけて介護という崇高な学問を学んでほしいという私の願いでもあります。

第1章 介護の本質

専門性とは、学問として研究、研修しなければならないこと

介護における「学び」とは

学ぶとは努力の道

　ここでは介護職にとって学ぶとは、すなわち「学問」とは何か、また、専門職である介護職にとっての「専門性」とは何かを考えましょう。同時に学問と専門性は、どのように関連するのかについても説明します。

　「学ぶこと」については、具体的に説明しにくいこともあって、あまり語られることがありません。ここでは介護職にとっての学びについて説明します。介護職は、基本的には介護の実践や体験から学びます。利用者から学ぶ、といってもいいでしょう。ではどうすれば利用者から学ぶことができるのでしょうか。順を追って考えてみます。

　たとえば利用者の気持ちを察するというのは、共感すること、相手の気持ちがわかることです。とはいえ、利用者は、自分の気持ちを言葉にしてくれないことが多いのです。ですから介護職は利用者の動作や表情などをヒントにコミュニケーションを図らなければなりません。このとき、介護職は利用者の気持ちをわかろう、と意欲をもつことが大切で、それが共感への第一歩になります。自分の気持ちはいったん傍らに置いて、利用者の気持ちをわかろうとする努

力が必要となります。
　ただし、言葉では説明できても、実行するのはかなり難しいものです。自分の気持ちと利用者の気持ちを完全に分けるのは困難です。
　そこで介護職は「自分の全人格をもってわかるように努力していきます」と思うことから始めます。そのことが「わかる」「共感する」ことにつながります。明快な結論が出たかどうかは問題ではありません。絶えずわかろうと努めることが大切です。ですから、学ぶとは努力の道ともいえます。自分の気持ちを自覚しながら、他者の気持ちをわかろうとする姿勢が重要で、それが共感につながるのです。

経験や実践と知識を結びつける
　「人間の尊厳」という言葉があります。尊厳は誰でも知っている言葉ですが、介護職は、単純な知識ではなく、実践に裏付けられた「理解」をしなければなりません。一人の人間の態度や言葉、表情のそれぞれについて、尊厳という言葉を対比させ、翻訳する必要があります。「尊厳」を辞書的に理解しただけではうまくいきません。自分の経験や実践で知ったことと、教科書で覚えた知識を結びつけることで「学び」が完了します。知識だけ、経験だけでは本当の意味で学ぶことはできません。
　ここで知識と経験について考えてみましょう。知識とは、人間がつくり上げた共通の資産です。経験は、あくまでも個人的な世界の資産です。しかし、経験によって知識を生かすことができます。また、知識は経験を豊かにします。知識と経験は密接にかかわり合っているのです。
　介護職は実践や体験から学ぶ、つまり「利用者から学ぶ」と説明してきましたが、介護職が接する利用者の人間性は多様で変化に富んでいます。介護職は利用者からすべてを学ぶことは不可能で、選択するしかありません。そのため「この問題を学ぼう」という動機付け、学ぶ意欲によって成果が大きく違ってきます。たとえば、利

用者の「自立」について学ぼうとする意欲がなければ、さまざまな状況から「自立について学ぶこと」を選択することができないからです。

「事例研究」という言葉があり、教科書にも載っています。事例とは、誰かがすでに行った経験であり、現在、介護職が直面している現場でのできごとではありません。そのため事例から学ぶとは、他者の経験や問題意識から学ぶことであり、これには意欲が必要となります。

また、「学ぶ意欲」は与えられた環境によるところが大きいのです。ですから介護職には教育や研修が大切になります。ただし、事例による教育や研修ですべてを教えることはできません。私は、原則として「問い」の教育、研修が必要だと考えています。つまり、事例を通して「あなたはどう考えますか」と問いかけ、考えることの重要さを学んでもらうわけです。経験をした人から教えてもらうのは簡単ですが、それでは身につきません。教えられたことを自分の経験と融合させ、納得することが大切です。

こうした「学び」には、終着点がありません。個々の事例について、「ああそうか」と納得する瞬間はありますが、また次の問題を考える必要があるからです。これは介護だけでなく、物理学や医学などでも同様です。

介護職における「専門性」は、自然科学ではなく人間科学

人間科学におけるエビデンスは多義的

次に「専門性」について考えてみます。哲学者の中村雄二郎は、「専門性」と「科学性」について、「普遍性」「客観性」「論理性」をもつものである、と語っています。普遍性は「どこでも」ということ

図1 ●自然科学と人間科学の違い

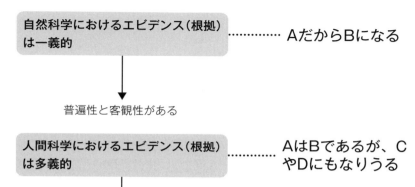

で、客観性は「異論が出ない」こと、論理性は「首尾一貫している」ことです。岩波国語辞典では「科学性は特に自然科学を指すことが多い」としています。

このように科学は自然科学であると捉えられがちですが、介護における科学とは「人間科学」と考えています。自然科学は自然の事物を対象とし、分析、計量、計算をして実証します。これに対し、人間科学は分析や計量という作業がなじまないとされています。フランスの心理学者ピアジェは、計算は数値を出さなければならないが、人間科学はそうした作業が永遠に不可能であり、したがって学問の奥行きは深い、としています。

自然科学におけるエビデンス（根拠）は一義的な関係性を重視するのですが、人間科学におけるエビデンスは多義的であるともいえます。

人間科学には「自分はこうしたい」という意思決定の自由があります。意思決定とは方程式や関数では決まらない自己決定の過程で

あり、学びながら決定していくプロセスでもあります。この決定は、ガリレオやニュートンの自然科学とは異なり、環境や経験によって変化するため、そのプロセスは複雑なものになります。

介護の普遍性と客観性
　では、人間科学には普遍性や客観性はないのでしょうか。そのようなことはありません。人々の行動の指針となる社会生活の基準は、人類の生活の歴史から生まれ、普遍的な価値を伴ったものです。計測や計量をしたものではなく、人間の思想が基になっていますが、普遍的な理念、生み出された思想があり、普遍性と客観性をもっています。それらが社会の行動指針として息づいているのです。
　そのことが人間科学としての「介護」の根拠となっているのです。ですから介護は普遍性と客観性をもち、科学性を備えているといえます。
　こうした人間科学が介護職の専門性であり、その学びは利用者を通じて続けていかなければならないのです。

第1章 介護の本質

「介護」を科学として根拠付けることは十分にできる

基盤となる文化的幸福追求の自由は否定されない

「妥当性の追求」に科学性がある

　現代において「介護」が成立するのは、歴史の流れのなかで認められてきた根拠があるからです。人間の「主体性」や「自己決定の尊重」を否定する人はいません。幸福を追求する、健康で文化的な生活を保障する自由が認められています。「人権思想」が制度として成立する流れを見れば、それがなぜなのかがわかります。「人権思想」の根拠を具体的に示そうとする人々や社会の運動により憲法や法律などの制度が整備されました。介護職の仕事はこれらの制度に基づいて実践しています。

　介護は介護職だけでなく、医師や看護師など他の専門職を含めた介護に関わる人全体の合意のもとに行われます。この合意は思想的価値観を基盤とした合意で、「連携、協働」と呼ばれるものです。それらはチームによる普遍性や客観性をもった共通認識に基づいて成立します。

　介護における人間の尊厳、自立、つまり「主体性」や「自己決定の尊重」といった概念は共通認識が可能だということがいえるでしょう。もちろん、共通認識に基づいた具体的なケアプランは、個々の例で異なりますし、条件が変われば変化する可能性があります。

その可能性のなかで介護は「妥当性の追求」を行っていきます。妥当なものを見つけようとする行為の底にある考えには科学性があります。

介護は人類の幸せの追求

介護はそもそも人権思想、つまり生活や人生の考え方についての思想に基づいています。ですから、介護において基本となる人間の幸せや人間の心の豊かさを科学的に論理付けることは十分に可能なことと考えています。

図2 ●介護に科学的根拠がある理由

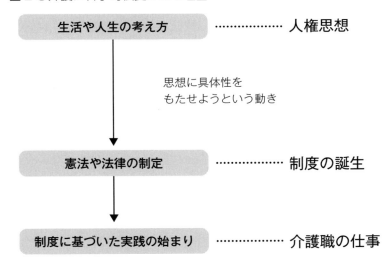

近代社会において、思想的なものを科学の根拠にすることに、人間は慣れていません。しかし数学が「公理」のように「論証しなくても自明であること」のような考えに基づいているのです。介護が人間生活の原理・原則に基づいていると十分に考えることができます。

人権思想は、そもそも中世から近代にかけてのルネサンス期にお

ける「ヒューマニズム運動」に端を発しています。ヒューマニズム運動は人間の幸せを中心に考える思想で、その流れはフランス革命やアメリカの憲法などにつながっています。人権思想という観点では、日本国憲法もその流れにある、といえるでしょう。

1919年に制定されたドイツのワイマール憲法では「生存権」が規定されました。その後、第二次世界大戦を経て1948年、国連総会において「世界人権宣言」が採択されます。日本の介護福祉政策は、これらの思想を源流としているのです。

このように考えると、介護は人類の幸せの追求という大きな流れのなかにあることがわかります。介護は「人間の幸せ」という大きなテーマのなかで考えるべきもので、ことさら矮小化して論じてはいけません。介護に携わる、または介護を学ぶ若者たちがロマンをもつためにも、こうした原則論や歴史上の流れを学んでおくべきです。

多くの人はエビデンスを「数的根拠」だと考えていますが、ここで述べてきたように、そのことだけではありません。また、エビデンスは絶対不変のものではありません。事実、物理学や医学でも、不変と思われてきたことが時代によって変わっていくことがよくあります。

生活を支える彩りをもった学際体系

介護のあり方を決めるのは、人間の英知です。それにはまず、共通の認識（コンセンサス）をつくる努力が必要です。私は「介護は人間の生活にとって基本的で大事」であるという認識を、地域の人にわかってもらいたいと思います。本書ではできるだけ平易に述べているつもりですが、内容はかなり高度で哲学的です。そのすべてを万人に理解してもらうのは困難でしょうが、介護を引っ張っていく実践のリーダー、そして政治家や学者、経済界、教師などにはぜひ理解してもらいたいものです。

私は若いころから今まで、こうしたことを考え勉強し続けてきました。しかし、社会福祉の専門性、科学性について納得させる理論と実証的論拠に出合うことがなかったのです。これは私の不勉強もその一因かもしれませんが、自ら考えるうえで長い年月が過ぎました。そして、介護は単一の学問ではなく、生活を支える彩りをもった学際体系であり、そうした多岐にわたる学問領域を介護という領域に収斂させなければならない、と考えるにいたりました。

第1章　介護の本質

人格的変容が介護の本質

人格とは困難を乗り越えようとするときの総合力

総合力を支えたり強めたりすることが介護の役割

　言葉の意味だけを解釈すれば、「人格的変容が介護の本質」の意味は理解できないでしょう。ですから、ここではまず「人格」について説明していきます。

　私は、さまざまな人格に関する定義を取り入れて論じていますが、ここでは人格について「人間が困難を乗り越えようとするときの総合力」と定義します。総合力には、心理的、物理的な力のどちらも含まれています。困難を乗り越えるために、人はあらゆる知識と経験を動員します。介護は、まさに「困難を乗り越える」作業に直面しています。

　また、利用者が困難を乗り越えるために人格のもつ総合力を支えたり、強めたりするのが介護の役割といえます。

　図3を見てください。困難という山を乗り越えるためには、本来的な力を上回る力（労苦）が必要です。しかし、労苦は潜在的な可能性を十分に発揮すれば乗り越えることができます。これが困難を乗り越えるときに動員される総合力、すなわち「人格」となります。

　困難は、加齢や病気、けがなどが原因となって生じます。突然、障害を負うことになったとき、障害という困難を乗り越える必要が

図3 ●困難という山を乗り越える力

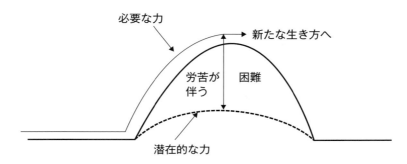

出てきます。その努力の姿が「人格的変容」なのです。

　変容とは価値観の変化です。たとえば通常の生活を送っていた人が病気や事故のために障害を負って絶望に陥ったとしましょう。

　病気や事故によって障害を負った人は、一時的に絶望を覚えます。

図4 ●人格的変容と受容（アクセプト）

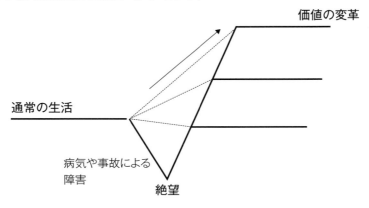

　しかし、価値観を変えれば、どのような状態であれ、人間は成長することができるはずです。困難な状態からでも幸せに向かって成長することが可能であり、「幸せ」という目標とする概念がなくなっ

たわけではありません。これが人格的変容です。逆に考えると、人格的変容がなければ受け入れられない運命があるのです。利用者が自分の運命を受け入れたときに、介護を受容（アクセプト）することができます（図4）。

お互いに変化しながら、よい関係を見つけていく

　ここで「変容」を介護職Aさんと利用者Bさんの関係で考えてみましょう。

　たとえば、障害を負ったBさんがその運命を受け入れ、人格的変容を遂げたと仮定します。Bさんの変化はAさんにどう影響するでしょうか。AさんはBさんの前向きな姿勢に学んで、よい方向に変容を遂げます。つまりAさんとBさんはどちらも変容するわけです。これを「相互変容」といいます。

　たとえばBさんが「自分はもう死ぬのだからリハビリや食事などのケアは必要ない」と言ったとします。このときAさんが、「Bさんはなぜそんなことを言うのか理解できない」と考えるか、「どうすれば考えを変えてくれるのか。自分は不勉強だったかもしれない」と考えるかで結果はまったく違ってくるわけです。後者のようにAさんが自ら変容する意思があれば、介護職としての誇りが芽生えることでしょう。このように相互変容には、新たに生きる可能性への人間的信頼が伴うのです。

　もちろん介護は一次関数のように一定の法則のもとで結論が出るものではありません。介護職と利用者の関係で考えても、お互いに変化しながら、よい関係を見つけていくのです。それが介護職が利用者と「ともに歩む」ということです。これは人間的成長として論じられることがあります。

　互いの価値観が違うとき、価値のジレンマが起こります。介護職と利用者だけでなく、医師と患者の関係でも同様です。たとえば糖尿病の利用者について考えてみます。医師は糖尿病の治療を進めた

い。しかし、利用者が「自分の人生なのだから、好きなものを食べたい」と考えている場合に価値の衝突が起こるわけです。

　医師の価値観は「患者の健康」にあり、患者は「自分の価値観」を大切にしています。この場合、どちらかが絶対的に正しいとはいえません。ですから生活支援の場では英知を働かせ、互いに学び合って正しい方向を見つけようとします。ただちに決着をつけるのではなく、お互いに価値の転換を図り、相互変容をして乗り越えようとするのです。

　「価値観の変革」は、「パラダイムシフト」と呼ばれますが、人類は前出の医師と利用者の例に見られるような、価値のジレンマを解決する道すじについて悩んできました。日本国憲法第 25 条にある「健康で文化的な生活」をすることと「自己決定」はしばしば矛盾した状況を生みます。こうした矛盾した状況を解決する一つの方法が相互変容であり、介護の本質は人格的変容を認めることにあるということができます。

> 介護職には社会的使命がある。
> 人間が人間として幸せに
> 暮らせるように支援することが
> 介護職の使命である

介護職における社会的使命

介護職は国家的課題を実践している

　介護は何百年も昔、鎌倉・室町時代以前から存在していました。当時、介護の問題は現在でいうところの「自助」「共助」として、部族や家族の単位で解決していたのです。その後、自助や共助で解決できない問題は「公助」で解決するようになりました。これが現代における介護です。

　自助や共助の限界を超えると国家の責務として公助で支えます。それを実践するために国家は「介護職」を設けています。ですから介護職は国民の人権を守り、生活の安定を図る国家的課題を実践していることを理解しなければなりません。

　かつて、キリスト教の宣教師やお坊さんは、キリスト教や仏教を広めるという使命をもっていました。彼らは品格を備え、命を賭して布教活動を行いました。現在、キリスト教や仏教がこれほど広まったのは、キリストや釈迦の教えを知性と人間性を備えた人たちが伝道したからです。宣教師は英語で missionary といいます。使命（mission）をもった人という意味です。介護職にも国家的課題を実

践するという使命があります。使命を成し遂げようとするのであれば、私は、介護職もサービスを提供するだけでなく、利用者に寄り添い、ともに歩き、人間の幸せを伝える品格をもった人が携わるべきではないかと思っています。

　ですから介護教育は、知識や技術を教えるだけでなく、教育を通じて人間性を身につけることが必要だと考えます。このことによって介護職は社会的使命をもつ人になることができるのです。

　人類学の研究の書『人間への選択――生物学的考察』によると、「五万年前のネアンデルタール人の成人男子の骨骼が発見された。この人物はおそらく盲目であったと思われ、また右腕を若いときに失っていた。彼は洞窟が崩れたために圧死したのである。ところでこの人物は生涯の大半を不自由な肉体ですごしながら、四〇歳くらいまで生きながらえたのである。ということは、同族の仲間の助けがあったからこそ、彼は生き残ることができた」とあります。つまり、今、介護と呼んでいる行為は人間の共同生活の成立とともに生まれ、現在も続いている根源的なものということができます。

　私は、人間には「助け合う本能」があるのではないか、と思うようになりました。

　介護職が社会的使命をもつことについての根源的な理由等を述べてきましたが、現在の日本では介護の費用は国民の保険と税金でまかなっているわけですから、国民が承認する基準が必要になります。その基準は、時代によって変わりますが、国民が「妥当性がある」と承諾したものです。ですから介護職の社会的使命は国家の価値基準に基づいていると考えることができます。

国家の究極的な価値基準は「人間の幸せ」

　介護は人間が人間として幸せに暮らせることを目的にしていますから、国家の価値基準は、究極的には「人間の幸せ」を定義するものです。「幸せ」は至高の観念で、それ以上の観念を考え出すこと

はできません。すべての国民が幸せを求めています。しかし、ある時代の社会的基準における「幸せ」は、実は万人にとっての幸せを導くものではありません。幸せの概念は個々で異なりますし、状況によっても違います。ですから、社会的価値基準における幸せは、国民の意思に基づいて、絶えず吟味と検証を行い、万人が納得するように定義していく必要があります。

　介護職が社会的使命を実践するときは、価値観の違いによる矛盾や衝突という問題に直面することが少なくありません。前項でも説明したように、一次関数的に答えが出る問題ではありませんから、介護職は解決に向けて考え続ける必要があります。このとき、考えるための根拠がなければ、考えることはできません。至高の観念である「幸せ」「人間の尊厳」「自己決定の原則」は、簡単に答えが出せるものではなく、常に吟味・検証が必要であり、国家としても回答を求め続けていく必要があります。

　私は福祉の現場における生活支援に従事してから60年の歳月が流れましたが、その間、変革の歴史を経験してきました。介護は「こうする」と決まったものではない、そして同時に普遍の真理を見出すものと考えるようになりました。そこにまた介護の深い意味を感じるのです。

第 1 章

介護の本質

人間の尊厳と自立について

「尊厳」についての明確な定義はない

憲法第13条の「個人として尊重」とは

　介護の基本的な課題としてよく言われるのが「人間の尊厳と自立」という言葉です。まず「尊厳」について考えてみましょう。実は尊厳についての明確な定義はありません（国語的解釈はある）。しかし人間の尊厳については医療法にも規定されているのです。

　昭和30年代に東京大学の宮澤俊義教授は、このように語っています。「人間の尊厳は憲法上の『個別性の尊重』とほぼ同じだと解釈してよいだろう」。では、憲法上の規定とは何でしょうか。日本国憲法第13条は、以下のように述べています。

> すべて国民は、個人として尊重される。生命、自由及び幸福追求に対する国民の権利については、公共の福祉に反しない限り、立法その他の国政の上で、最大の尊重を必要とする。

　「個人として尊重」とは、個別性や個性を尊重するということです。これと「生命、自由、幸福追求の権利」を包括した概念が「尊厳」です。

　人間の尊厳は、「その人がその人らしく個性的に生きることを大

切にする」ことであり、「至高の価値として生命の尊さ、畏敬(いけい)の念をもつ」ことです。

理念としての「人間の尊厳」には、「生命の畏敬」「自由と主体性」「幸福追求の権利」が内包されています。

理念としての「人間の尊厳」

介護は「生命の畏敬」を基本にしています。畏敬とは尊敬を超えた崇高でおかしがたいものをいいます。ターミナルケア（終末期のケア）は、生命の畏敬のうえに成り立っているといってもよいでしょう。

次に「自由と主体性」について解説しましょう。主体性とは「自分が〇〇する」ことです。

フランスの哲学者で作家のサルトルは、「人間は生まれたときには何もない存在だ」と語りました。人間は生まれた後に、自分の本質を自ら創りあげる存在であり、それは自分の責任で行うものであり、これが「主体性」であるとしました。それまで中世社会では、人間や社会は「神が創りたもうた」存在と考えられ、人間の主体性は認められていませんでした。サルトルだけではありませんが、実存主義の考え方の背景には、人間の主体性を重視したヒューマニズムがあります。

最後に憲法第13条に規定されている「幸福追求の権利」について述べます。幸福を追求する権利は国民一人ひとりのものとして求める権利です。この権利とは理念であり、理念は国家のあるべき姿として示したものです。これが憲法第13条の考え方です。

「自立」の概念とは

介護における自立への支援

　学問上、自立とは身体的な「自立」と精神的な「自律」に分けられます。介護では一般にこれらを包括して「自立」と呼んでいます。一般的には、自立とは、身体的に自分の生活行動範囲を広げることであり、その際に他者への依存を少なくすることを指します。しかし、すべての人が自分の力で生活行動範囲を広げられるとは限りません。

　ですから、介護を「依頼」することも自立に含まれます。もう少し丁寧にいうと、自分の意思で、誇りと責任をもって介護サービスを依頼し、受けることも自立ということができます。

　身体的な自立をめざすことには、何かをしようとする意欲が求められます。絶望した人は依頼する意欲が失われることも少なくありません。ですから、依頼する意欲があり、それによって身体が動き、行動範囲が結果として広がればよい、と考えるわけです。つまり介護における自立への支援は、「意欲があること」について関心をもつことが大切なのです。

意欲をどう高めていくか

　介護職としては、次に「意欲をどう高めていくか」を考えなければなりません。意欲は「心が豊かなとき」「心が揺れ動くとき」「将来の見通しがあるとき」に高まります。わかりやすい例としては、コーヒーが飲みたい、愛する人に会いたい、孫に会いたいといった心が揺れ動き、将来に向けた光が差しているときに意欲が高まります。つまり、愛する人や自分に関心がある人が周りにいるときに、人間は意欲がわくのです。

本当に絶望すると明日への光が見えなくなります。いわゆる「途方に暮れる」状態になります。介護職は利用者の自立に向けた環境的条件を豊かにする方法を考えなければなりません。

その手法の一つに「ピアカウンセリング」があります。同じ障害をもつ仲間同士で行われるカウンセリングのことです。仲間同士ですから、そこには打算がなく、暗黙の共通理解もあります。また、障害者スポーツなどを通じた仲間同士の活動が自立の環境的条件を高める方法として有効とされています。こうした手法はカウンセリングの基本と考えられます。高齢者の場合は介護職がかかわります。

すべての人に自立への理念がある

　介護職は、利用者の自立をどのように考えればよいのでしょうか。

　要介護度と支援の内容を扇に見立てたときに、個別性は中心からの角度で表すことができます。

　仮にもっとも左側を要介護度が低い状態だとします。いわゆる「要支援」の段階です。ここでは趣味活動をしたり、リハビリの運動をすることが支援の内容になります。もっとも右側は終末期の状態で、ターミナルケアを受ける人たちです。

図5 ●支援の範囲

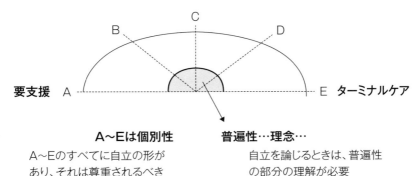

図5のAからEのどの段階にあっても、その人たちなりの個別性、すなわち自立の形があり、尊重されなければなりません。

　一方、扇の要の部分は共通項です。介護職が普遍的に理解すべき内容です。

　この図は、自立にはスペクトラム（範囲）があり、それは、健康状態、心身機能の障害、生活環境等に応じた状況下において、その人自身の意欲に基づいて行われる多様性があることを示しています。大切なことは、すべての人にとって「自立」への理念があり、介護職はその理念を現実において支援していくことなのです。

第1章 介護の本質

介護職は、目に見えない心の豊かさをどう考えるのか

「主観」を復権させることが目に見えないものを感じることにつながる

物質的な豊かさも心で感じる

　「豊かさ」には目に見えるものと見えないものがあります。人間の豊かさ、と言ったとき、通常は物質的な豊かさを考えますが、心の豊かさを伴わなければ本当の豊かさではありません。つまり、物質的な豊かさも、心で感じとり、目に見えないものに還元されているということです。

　中世以前、人は神や自然の神秘など、見えないものを信じていました。しかし16世紀にコペルニクスやケプラー、ガリレオ、ニュートンの登場によって「科学革命」が起こりました。以降、計量と測定といった目に見える科学的発想で物事を考えるようになりました。

　こうした風潮を受け、同時期の哲学者デカルトは「方法序説」などで「我思う、ゆえに我あり」と唱えました。この言葉の元は「すべてのものは、疑って考える」ということです。自分の前にあることは、夢かもしれない。だから、真実か虚実かは疑わなければならない。さらにわかりやすくいうと、窓の外を通った美人は、人ではなくマネキンかもしれないわけで、本当かどうかは確かめなければ

ならないのです。そして、確かめるには自分を信じなければなりません。デカルトは、こうやって「確かめ方」を確立していきました。その方法論が「我思う、ゆえに我あり」なのです。

　介護の考え方もデカルトに通じるところがあります。しかし、どうかすると介護は近代科学における計量、測定を中心に考えるようになってしまいます。つまり自分（我）を主観と考えたときに、相手は客観とするのですが、我をひとまず置いて、客観的なデータのみに頼って介護を行いかねません。私は、目に見えない心の豊かさは、「主観」を復権させることで見えてくると考えています。

　さらに踏み込んで考えてみましょう。

　人間の歴史を見ると、まず、生存に必要な「衣食住」を重視しました。やがて文化の発達とともに、絵画など芸術作品に美的な美しさを見出し、追求するようになりました。絵画自体は「物」ですが、それを「心の豊かさ」に置き換えたのです。これは人間がつくり出した価値観です。

形のないものと形のあるものは表裏一体

　介護では物事を理解するには、見えないものをどう考えるかが重要になります。1本の草花と接するときの利用者の様子はどうでしょうか。そこには利用者の心が投影されています。介護職は草花に投影された利用者の心を大切にしなければなりません。

　高齢者に接するときは、その心が、どんな対象物に向かっているかを考えます。般若心経に「色即是空、空即是色」とあるように、空、すなわち形のないものと、色、すなわち形のあるものは表裏一体であり、形のあるものは何かに投影され、形のないものは形のあるもの、すなわち態度に現れます。

　私は仏教の深い教えを語ることはできないのですが、よく引用されるこの言葉の意味を介護に照らし合わせて考えることがあります。介護職は、利用者の態度から、その人の心を察するように努め

る必要があるでしょう。

　介護職の評価を点数（色）だけで行うと、形のない気持ち（空）がおろそかになります。点数だけでは利用者との関係が「どこでつまづいたのか」がわかりません。私は、人間の心の働きや意欲など、形のないものを考えたうえで評価を行うことが教育や指導の原点だと考えます。このことは、両者が相まって物事の真実を示すものであり、一方だけの視点に捉われてはならないということです。もう少し付け加えると、点数（成果）は必要で、そしてそこから意欲やつまづきを知ることになります。

　「西田哲学」で有名な哲学者の西田幾多郎は「幾千年来我らの祖先の育み来たった東洋文化の根底には、形なきものの形を見、声なきものの声を聞くと言ったようなものが潜んでいるのではなかろうか。我々の心は此の如きものを求めて已まない、私はかかる要求に哲学的根拠を与えてみたいと思うのである」と語っています。また、精神科医の木村敏は、著書『形なきものの形』のなかで西田哲学を引用しながら、このように述べています。

> 　「形なきものの形を見、声なきものの声を聞く」というのは、哲学者の仕事だけではないだろう。人間の心に医学的に関わるわれわれ精神科医はすべて、自然科学や心理学では汲み尽くせない人間の心の拡がりと深みに、もう一度しっかりと目を向けるべきではないか。
> 　現代の精神医学のやっていることは、1枚の絵の芸術的価値がそこに使われている絵具の化学的な分析によって証明できると考えるのとどこか似ているのではないだろうか。

　このように語り、目に見えないものを感じ取ることの重要さを指摘しています。

介護の現場ではどのように「形なきもの」を見るのか

利用者の意向を理解するには

　認知症の人の介護をする場合を考えてみます。介護は通常、利用者の意向を尊重しますが、認知症の人の場合、表現をしない、できないことがあります。このとき介護職は以下に挙げる２つの方法で利用者の意向を理解するように努めます。

　１つめの方法は、「現代社会の人間と人間の関係における普遍的な価値観を基盤」にすることです。つまり、共通の価値観で相手を理解するように努めるわけです。「人間らしく生活すること」には普遍性があります。たとえばＡさんがＡさんらしく生きることとは何か、を考えたとき、介護職はＡさんはどのような仕事をし、どんな家族関係があるのかを考えます。Ａさんの生活してきた歴史や家族関係を尊重することが重要になります。

　２つめの方法は「物言わぬ人をどう理解するか」です。介護職のＢさんと利用者のＡさんの関係で考えてみます。Ａさんは話すことができません。これに対し、Ｂさんは介護職の経験から推測的にＡさんを理解しようとします。この推測的理解は、時間や状況の変化によって推移する可能性がありますが、Ｂさんは常に自分の理解の妥当性を考え続けます。この作業により、Ｂさんは多面的理解を深めていきます。

わかりたいと努力すること

　いずれにせよ大切なのは、その人（利用者）がどのような状況にあるかを考え、その人の悩み、苦しみを共感的に理解してくみ取ることです。その人の過去はすべて「是」として捉えることが大切で

す。

　高齢者福祉に携わる人は、次の３つの聞き方を心がけましょう。すなわち、「人の話は耳で聞け」「人の話は体で聞け」「人の話は心で聞け」です。「耳で」というのは言葉をよく聞きなさい、ということ。「体で」は、態度に注目しましょう、ということ。「心で」は、人間関係など形のないものに注目しましょう、ということです。

　そのうえで介護職は利用者に「共感」します。共感とは相手の気持ちを察することです。察するのは利用者ではなく、介護職です。相手の気持ちに重なり合うことは難しいことですが、介護職が利用者のことを「わかりたいと努力すること」が重要なのです。

第1章

介護の本質

生きる人が十分に生きる条件をつくることが死への解決策である

死に対する最上の解決策は「よく生きること」

生死の問題にいかに立ち向かうか

　若いころ、私は「介護とは何か」について思い悩んでいました。介護の本質は、「その人の絶望や悩み、死について答えを出せないまでも、そこにいかに向かい合うか」にあります。しかし、当時の私はそこまで深く考えることができませんでした。

　はじめのうちは、「介護とは生活を支えること」だと考えました。生活とは毎日のことです。若いときは老いてからのことを考えないで生活していますが、誰でもいずれ未来はなくなってしまいます。だから生きているときは一生懸命に過ごすわけです。そのように思考をめぐらせながら、生活とは生死の問題である、と私は結論付けました。

　20歳代のころ、思い悩む私を上司が諭しました。「君たちは『春秋に富む時代』を生きている。だから目先のことではなく、将来のことを考えなさい」……目の前が明るくなる思いがしたのを覚えています。「春秋に富む」とは、中国の史記の言葉で「若くて、将来が希望に満ちている」という意味です。

　宗教学者の岸本英夫は、著書『死を見つめる心』で次のように述べています。

> 　私が、生死の問題に対する、近代人にとっての解決方法として考えているのを、一言でいえば、それは、「よく生きる」ということである。一日一日を、ほんとうによく生きるということである。それは、生き甲斐のある生活ともいえるであろう。それが、生の問題に対する最上の解決であると同時に、死の問題に対する解決の方法でもあると考える。

「理念」は現実を離れてつくることはできない

　しかし、すべての人間が芸術家や小説家のように、死ぬ直前まで創作という目標をもてるわけではありません。そこで、圧倒的多数の人にとって仕事がなくなること、老いていくことは、前途が見えなくなっていくことでもあるのです。そこで人生の目標とはいかなるものかを考えなければなりません。すなわち、生きること、生きてきたことの意味が問われるのです。

　図6にある「理念」とは、現実を離れてはつくることができません。

図6 ●十分に生きるとは

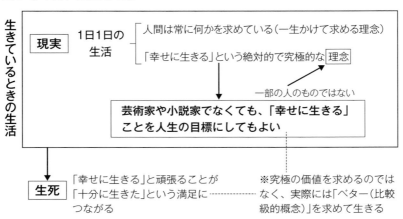

法学者の尾高朝雄は、著書『法の窮極に在るもの』で理念と現実の関係を説いています。「理念は現実の中に宿るというのは真理であるが、さればといって、現実そのものが理念であると考えるのは誤謬である。理念が現実の中に宿るというのは、理念が、現実を動かそうとする人間の努力の中にその姿を現わすということである」というのです。

　以上のことをまとめると、「目標（理念）は、一部の優れた人だけがもつものではなく、すべての人がもつ」ものであるということです。では、すべての仕事を失い、身体が衰弱して死が間近になった人は「目標」をどう考えればよいのでしょうか。これは、究極的には終末期における介護（ターミナルケア）のことです。

　介護保険制度には「看取り加算」の規定があります。通知ではターミナルケアについて「その人らしく、その人らしい最期を迎えるように支援する」としています。国家が終末期について規定を設けているのです。さらに、ターミナルケアのガイドラインも定められています。

●終末期医療の決定プロセスに関するガイドライン（抜粋・平成19年5月・厚生労働省）

終末期医療及びケアの方針決定は次によるものとする。

(1)患者の意思の確認ができる場合

①専門的な医学的検討を踏まえたうえでインフォームド・コンセントに基づく患者の意思決定を基本とし、多専門職種の医療従事者から構成される医療・ケアチームとして行う。

②治療方法の決定に際し、患者と医療従事者とが十分な話し合いを行い、患者が意思決定を行い、その合意内容を文書にまとめておくものとする。（以下略）

③このプロセスにおいて、患者が拒まない限り、決定内容を家族にも知らせることが望ましい。

(2)患者の意思が確認できない場合
　患者の意思確認ができない場合には、次のような手順により、医療・ケアチームの中で慎重な判断を行う必要がある。
①家族が患者の意思を推定できる場合には、その推定意思を尊重し、患者にとっての最善の治療方針をとることを基本とする。
②家族が患者の意思を推定できない場合には、患者にとって何が最善であるかについて家族と十分に話し合い、患者にとっての最善の治療方針をとることを基本とする。
③家族がいない場合及び家族が判断を医療・ケアチームに委ねる場合には、患者にとっての最善の治療方針をとることを基本とする。

介護職が利用者にどのように接するかが重要

　では、「その人らしい最期」を看取るようなケアとは何でしょうか。入浴や排泄、食事といった介護サービスは、「必要条件」にあたります。しかし、必要条件だけでは、利用者は満足することができません。利用者が「自分の人生はこれでいい」と思えるようになるには、「十分条件」が必要になります。

　十分条件の根本は、必要条件の提供です。その際に介護職が利用者にどのように接するかが重要です。サービスを提供するにあたり、介護職は利用者に対して「尊敬」「信頼」「共感」をもって関わらなければなりません。尊敬とは「よくやっていただきました。おかげさまで私たちも生きることができます」という心です。信頼は「私はあなたに、私の人生を豊かにしていただきました」と思うこと。共感は「あなたが一生懸命に生きてきてここ（施設）にいることを私はわかっています」という気持ちです。

　介護職は死を迎える人の人生に関わる職業です。関わるときは、以上のような気持ちと態度でいることが、介護職の取るべき道です。

介護は生活の支援です。生活支援は生と死の問題に関わります。生きる人が十分に生きる条件をつくることが死への解決策となるのです。ここでは、その一端を述べました。いうまでもないことですが、私たちが生涯をかけて問い続けることであり、人間の永遠のテーマでもあるのです。

第1章 介護の本質

介護は人間の原点、ひとりの人間として向き合う

介護職は「人間の悲哀」を理解したうえで介護することが重要

ADLに人間の悲哀は含まれていない

　介護の教科書には「介護は人間理解である」と書かれています。介護職は、具体的には人間の何を理解すればよいのでしょうか。ADL（日常生活動作）でしょうか。健康状態、心身の状態、生活の状態などは、実は人間の機能についての判断基準であって、人間そのものを理解しているわけではありません。

　食事をうまく摂ることができないので、嚥下しやすいように調理の工夫をするのは基本的な介護の手法ですが、利用者が感じる「一杯の水すら飲めない」という人間の悲哀は、ADLには含まれません。

　寝返りができない利用者に対し、介護職は「褥瘡が起こらないように」「2時間置きに体位変換する」という介護を反射的に考えます。このことは利用者も知っています。介護職と利用者が「知っていること」をサービスとして提供している行為を「生活支援技術」としています。しかし、人間の悲哀のように、介護職には知り得ないことはアセスメント項目に入らず、介護サービスからは外れる傾向があります。

　なぜなら介護側には「相手が求めていない」という認識があるか

らです。しかし利用者は言わない（言っても理解してもらえないと考えている）だけかもしれません。

利用者の意欲を引き出すには
　介護の世界では「自立」という言葉が重要視されます。自分の意思が働かないと自立とはいえません。しかし利用者の「やろう」という気持ちは外から見ただけではわかりません。たとえば右手が不自由だから、左を使ってみましょう、といわれても、利用者は「やってみよう」と思えないかもしれないのです。目の見えない人には「クロックポジション」といって、利用者を中心に時計の盤面を想定し、「12時の方向に〇〇があります」などと伝えますが、利用者にクロックポジションを使ってみようとする意欲がなければ無意味です。
　生活支援の根源には利用者の意欲が必要です。それには利用者の絶望や悲しみを乗り越えて欲しい、という介護側の思いが重要です。
　介護が必要になった利用者は、人生の困難に直面しています。「なぜこんな病気になったのか」「なぜ事故を起こしてしまったのか」「気が付いたら年老いてしまった。せつない」──誰もが思うことで、むしろ思わないほうが不思議です。利用者を自分の境遇に向かい合う気持ちにさせるには、介護職の力が必要です。ただし、そこにわかりやすいマニュアルはありません。

「主体性」をもつことが自己決定につながる
　大けがをして大学に通うことができなくなった大学生がいました。介護職は「衣服の着脱ができるように訓練しましょう」と言いましたが、彼はそれよりもボランティアに「まず図書館に連れて行ってほしい。自分の読むスピードに合わせてページをめくってほしい」と言ったのです。彼にとっては今は訓練よりも勉強を続けることが大切だったのです。
　どちらがいいとは言えません。利用者が現在置かれている自分の

第1章　介護の本質

生活状況に向き合った結果、「勉強」を選んだのです。向き合うためには利用者の「私が」「主体性」をもつことが必要です。すなわち、現在の生活状況に向き合うことは、新たな生き方を見出すことにつながります。そうでなければ絶望や不安に向き合うことができません。主体性をもつことは、自己決定ができることです。利用者がどのような介護を希望するか、具体的な項目は主体性をもつことから始まるといってよいでしょう。

「絶えざる内省」が不可欠

　では、介護職は、こうした利用者に対してどのように向き合えばよいのでしょうか。私の経験では、これは「絶えざる内省」が不可欠です。利用者が絶望や悲しみを乗り越え新しく生きる気持ちをもつための確かな方法はただちに見出せないのかもしれません。しかし、常に「これでよかったのか」と内省を続けることが介護職を成長させるのだ、と私は考えています。つまり自己を豊かにすることで、相手の理解がより深くなるのです。

　よく論争となるのが「自己決定が大切とはいうが、精神障害や認知症の利用者についてはどう考えればよいのか」です。

　東京大学教授などを歴任した医師・上田敏は、著書『リハビリテーションを考える』で、学生とのある問答を紹介しています。学生の「重症心身障害児のように、自分で決定すら下すことのできない人々についてはどうなのか」との質問について、「自己決定権と自己決定能力とは違うということをまずはっきりさせておかなければならない」と述べています。つまり、権利を保有していることと、それを使うことは別である、というわけです。

　関連して後見制度は重要な考え方ですが、あえて私は実践においては、できる限りその人の自己決定を尊重したいと考え、工夫しました。たとえば利用者に「コーヒーにしますか、ミルクにしますか」とたずねる際は、必ずコーヒーまたはミルクを指さして話すように

します。

　法律論とは別に、介護職はさまざまな場面を工夫して利用者の自己決定を支えていくわけです。

　社会福祉法にある「利用者の意向を尊重」は、YES/NO ではなく、実践的な考えに基づいて妥当性を吟味すると考えればよいでしょう。

どう介護するかは常に明確なものではない

人間に感動すること
　ここで改めて介護について考えてみましょう。

　介護は人間を理解することから始まります。ですから、その利用者に対してどのような介護をするかは利用者によって異なります。そして、介護職には具体的な介護方針を立てるよりも先に「人間に関わるときの気配りと関心」が必要です。つまり「人間の人間に対する感動」が必要ということであり、それは、「他者の存在に対する限りない尊敬と共感の念」をもつということです。

　手足が麻痺した利用者が必死にリハビリを行った結果、一定の効果が得られた場合、介護職も利用者も感動を覚えることがあります。人間に感動することは、関心をもつための原動力です。感動するには心が豊かである必要があります。

　ある介護老人施設で利用者が降る雪をじっと見ていたことに介護職が感動を覚えたということがありました。雪を眺める利用者に、人生を感じ感動したのです。その感情をもつことは、介護には関係がない、とする人もいますが、私は、何よりも感動する心の豊かさがあり、人間の気持ちを感じることは素晴らしいと思います。

　哲学者の花崎皋平（こうへい）は、著書『生きる場の哲学』で以下のように語っています。

> 　人間の根本的な不幸とは、いわば存在の忘却のことであった。そして、忘れられたその存在に、人間が気づくのは、自分がそのつどの悲しみにうちひしがれて涙を流すとき、ともに泣いてくれる一粒の涙が、自分の胸底に、自分の涙とは別にあることに気づくときである。人のやさしさは、この一粒の涙にめざめるところに生まれる。こうして、人のやさしさは、存在のやさしさというところへふかめられている。

　すなわち、存在とは優しさであり、それが失われるのは最大の不幸であると同時に、忘却されるのも最大の不幸と言っているわけです。

　関心や気遣いがあると、人は気分がよくなります。人間の豊かさは気分だ、といってもよいでしょう。

第 2 章

人間性と文化

自立とは、死ぬまで人間らしく生きる意欲である

人間らしい介護とは何か

「自立」は国家の責務として認められている

　「自立」は、根源的には「人間らしく生きる意欲」と定義することができます。哲学者・作家のサルトルは、人間は最初は「無（ゼロ）」であり、そこから人間性を獲得していく、としています。

　また、日本の哲学者・澤瀉久敬（おもだかひさゆき）は、著書『個性について』のなかで生について以下のように記述しました。

> 　生とは何かとひとは問う。しかし生は既にあるものとして、あたかも壁に掛けられた絵画のように、向こう側にあるものではない。生は現に自らを生んでいる。生はただ自己を想像する範囲に応じて、自己を明らかにする。ここにおいて、生とは何かという問は、如何に生くべきかという問に置き換えられねばならぬ。けれども、現実を無視して理想を求めても空論に終る。

　生、すなわち自分の人生は毎日デッサンしている、最期にどのような絵を描くかは、生涯の問題となる、というわけです。自らが創造した範囲が少なければ、その人自身は小さなものとなるわけです。

　自立について法律的な観点でも考えてみましょう。法的に規定さ

れた「自立」は、ルネサンス期以降に起こった人権思想を源流としています。1919年に制定された民主主義憲法の先がけといわれるドイツのワイマール憲法では「生存権」を規定しました。生存権はすなわち「国民が人間らしく生きるための条件を国家に要求できる権利」です。ワイマール憲法では生存権を「人間が人間らしく生きる権利。人間が生きることそれ自体は生命権の問題であるが、生存権は、一定の社会関係のなかで、健康で文化的な生活を営むことを内容とする権利である。より具体的には、人間には勤労、教育の機会が与えられ、各種の社会保障を通じて、健全な環境のもとで、心身ともに健康に生きる権利が与えられるのであり、その反面、国家には、そのような生活を国民に保障する義務が発生する」としました。

日本国憲法では憲法第25条で「1. すべて国民は、健康で文化的な最低限度の生活を営む権利を有する。2. 国は、すべての生活部面について、社会福祉、社会保障及び公衆衛生の向上及び増進に努めなければならない」として、生存権を規定しています。

つまり「自立」は、哲学者が説くこととは別に、国家の責務として、認められているのです。また、介護の思想も、ここに含まれます。

介護職に求められる2つの要素

ここで介護の面から自立を考えてみましょう。WHO（世界保健機関）では「健康」について「健康とは、病気でないとか、弱っていないということではなく、肉体的にも、精神的にも、そして社会的にも、すべてが満たされた状態にあることをいう」と定義しています。つまり身体的、精神的に社会の一員として十分に存在していることを健康というのです。

憲法第25条もあわせて考えると、国家は保険政策として健康であることを十分に保証し、手当をしなければなりません。また、社

会環境として、地域の人々の意識のあり方も重要となります。

　論理的には以上のように定義できても、「人間らしく生きる」という公平感があり、差別を感じないようにするには、人類の資産としての文化が必要になります。それらを含めて「人間らしい介護」であり、国の介護政策にも反映されます。

　介護保険制度の基本理念は「自立支援」ですから、食事や排泄の介助などが生活支援技術には含まれています。介護のカリキュラムには、こうした技術のすべてが「自立に向けて」という概念に基づいているとされています。ですから、教科書的に説明すれば、「自立」とは「リハビリテーションや福祉用具を使って機能を維持、改善しながら訓練する」こととなります。

　しかし、現実には利用者の多くは介護職に何らかの依頼をしなければ生活することができません。人間は次第に衰退していきます。ですから「自立とは自尊心を失わずに依頼すること」でもあるのです。利用者には神経の損傷によって不可逆的な障害を負っている人がいます。そのときに、利用者が自尊心を失わず、信頼の関係のもとに介護職に依頼を行うことも「自立」と考えるべきなのです。

　リハビリテーションや福祉用具を使って訓練する自立支援の場合、介護職は生活を支援するという意味での知識と技術が必要です。同時に利用者が自尊心を失わずに依頼できるような信頼関係を構築することが重要となります。このように介護職には２つの要素が求められるのです。

「自立」の概念は世界の思想的変革の歴史を反映している

社会の問題として捉える視点

　自尊心とは何でしょうか。人に何かを依頼する場合、多かれ少なかれ自尊心が損なわれます。自尊心は英語で"self-esteem"です。esteemは尊敬という意味ですから、自尊心を失うということは尊敬の心が失われることであり、これは人間を絶望させることになります。

　ここで、デンマークで生まれたノーマライゼーションの理念を説明しなければなりません。ノーマライゼーションとは「障害を持つのは特別なことではなく、普通のことであり、障害者が人間らしく生きるのも普通のことである」という思想です（その逆が障害者差別）。ノーマライゼーションの思想が利用者の自尊心を損なわせない基本的思想といってもよいでしょう。

　第二次世界大戦終了後の1945年、老人問題は貧困問題の一部として捉えられていました。当時、老人は家族で介護するものだったからです。つまり家族介護が受けられない身寄りのない高齢者、または貧困な高齢者は生活保護を受けて生活するという構図がありました。1963（昭和38）年に施行された老人福祉法によって誕生した老人福祉施設は「措置」の考えに基づくものでした。こうした施設を利用せざるを得ない人たちには、自らの負い目、不名誉（スティグマ）といった認識があります。

　私の経験でも、「元市会議員の家族が施設の世話になっていることを秘密にしてほしい」と依頼されたり、就職間もない若い女性が「自分は障害者だから、兄の結婚式に出るな、と言われた」と悲しい顔で打ち明けられたことがありました。

こうした経験から、「自立とは人間生活の根源的な問題を含んでいる」と思うようになったのです。

私は福祉の世界に入るにあたり、最初は中途失明者の施設に配属されました。まず気づいたことは、人生中途で目が見えなくなった人たちの多くはどんな前職に就いていても、職業はあんま、マッサージ、指圧、はり、きゅうしか選択肢がありませんでした。そのために心ならずも選択することもあったのです。もっとも、生活訓練、職業訓練を経ていくなかで、次第に自らの職業の意義（価値）を見出すようになり、東洋医学を業とすることの誇りをもつことになっていくのですが、憲法で保障する「健康で文化的な生活」と「職業選択の自由」を実現するためには、どのようにすればよいのか、私には見当もつきませんでした。

その頃、私は、障害者があんま、マッサージ、指圧、はり、きゅう以外にも職業の選択ができるようにと、その一つとして施設の裏山を利用して養鶏を行う農芸科の担当を任されました。そして目が見えなくても環境が整えられ社会の後押しがあれば、十分に仕事ができることを実証しようとしたのでした。

養鶏に続き、椎茸栽培、養豚と科目を広げていきました。視覚障害者でもマッサージ、指圧、はり、きゅう以外の仕事ができるのです。しかし、次第に日本の農業・牧畜は厳しくなってきました。障害者の就業は現在でも古くて新しい問題なのです。

「自立」は究極的には個人の問題ですが、それ以前に社会の問題としても捉えて考えるべきでしょう。

「自立」と世界の動きを常に考える

その後、私が重度障害者施設に移ったときのことです。利用者のアンケートを見る機会がありました。そこには「一度結婚してみたい」「仕事をしてみたい」「勉強をしてみたい」などの希望が書かれていました。日本では「自立」の概念を上意下達的に決めてしまう

傾向がありますが、そうではなく、こうした素朴なところに真の自立があるのではないでしょうか。事実、アメリカでは1960年代から障害のある大学生による抗議運動を契機とした「自立生活運動（IL運動）」があり、社会に浸透してきました。

　もう1つ例を挙げておきましょう。

　バッグなどを扱うデザイナーが、野球で首の骨を折り、肢体不自由となって私のいた施設に入所してきました。彼のもとにはデザイン関係の新聞や雑誌が大量に送られてきます。これらの印刷物は、介護職にとっては作業のじゃまになります。私がそのように伝えたところ、デザイナーは「われわれには常に新鮮な感覚が必要です。手足は動かなくても頭脳は生きています。アシスタントを使えば図面を描くことはできます」と主張しました。

　私はそれを受けて、作業療法室の一角にデザイナーのためのコーナーを設けることにしました。

　障害者の自立について、私にとっては新しい認識となりました。働くことの意味は、いつの間にか変わっていたのです。自立を考えるとき、利用者だけでなく、介護する側にも「価値の転換」が求められる場合があります。自立は世界の思想的変革の反映ともいえます。

　すなわち「自立は常に現実であり、思想的である」わけです。自立について介護職は世界がどう動いているかを常に考える必要があるのです。

毎日同じ人に会っていても、毎日が新しい

過去は昔のことではなく、過去は現実に生きている

今日が新しいのは昨日があるから

　人がなぜ人生に絶望するかというと、毎日が新しくないと感じてしまうからです。しかし、たとえば毎日同じ人と会っていても昨日と今日は同じではありません。「日々新たなり」という言葉があります。つまり過去の上に今日があり、人は「明日はどんな日だろう」と思う、その瞬間に生きています。ですから日々は新しいのです。

　介護職の作業は毎日同じことをしますが、「今日は利用者とこんな話をした」「不機嫌そうだった」「明日、花見に行こうと誘ったら嬉しそうにしていた」など、日々新しい出会いがあり、できごとに向き合うのです。さらに、今日が新しいのは昨日があるからだ、と考えるべきなのです。

　人生最大の課題は「死を迎えるとき」です。そのときに「日々新たな人生を加えて生きてきた結果、今がある。多様な彩りがある」と思えるようになりたいのです。

　過ぎ去ったことすべてに価値があります。過去は昔のことではなく、過去は現在に生きています。ほろ苦い悔恨の過去もあれば、嬉しくて飛び上がったこともある——現在はそのすべてが凝縮してい

るのです。

　精神神経科医のヴィクトール・E.フランクルは「ロゴセラピー」(実存的心理療法) を提唱したことで知られています。これは人間は究極の状況にあるとき、自らの行動に意味を求めることから、人の「生きる意味」を充実させることができるように援助しようとする考え方です。

　たとえば、私の人生は暗かった、私の存在意義はどこにあるのだろう、とする人には以下のように説いています。

> 　高齢に達しても、人は若い人を羨むべきではない。どうしてそんなことを為すべきなのか？若い人が所有している可能性とか、若い人には未来があるからだというのか？いや、未来への可能性に代わり、高齢者は過去に厳然たる事実を持っているのだ。——即ち、行なった仕事、愛したというその愛、苦しんだというその苦しみ、そういう実績があるではないか、と私は言うべきだと思う。

　ロゴセラピーは、現在に生きる力を与えます。過去は過去の残像ではないのです。過去のすべては美しく、その人しか経験できなかったことがあります。それが集積して社会の動きになり、人生を彩っているというわけです。

未知の世界に関心をもつ

　利用者が「毎日が新しい」と思うためには、まず介護職が日々新鮮な気持ちになる必要があります。自分は学びを経て日々成長している、学ぶことを発見することは最大の喜びである、これからどのような世界を体験することができるだろう、未知の世界に関心をもつ——こうしたことが日々新鮮な気持ちでいるための重要なポイントです。

既知の世界は誰かが教えてくれます。これは先人の知識が伝えられ、その教えを学ぶことです。一方、未知の世界は誰も教えてくれません。しかし、未知のものを経験から発見したり、経験をもとに学習したり、話し合いをするなかで、自ら考え、何かを見出すことはできます。

　このように考えると、未知の世界も経験という過去の他者との関わりによって教わるものだ、ということができます。介護職だけではありません。重度心身障害児のある担当医が「子供は言葉を発しないけれど、担当するうちに、表情がいかに豊かであることか、ということに気づく」と語っています。

　経験をもとに学習したり、自ら考えることで成長していく。これは介護という学問の基本的な考え方だといってよいでしょう。

第2章

人間性と文化

目に見えない感情を介護は伝える

マクロ的に見た介護観

人間関係には「態度」が存在する

　介護職は利用者にサービスを提供するだけではありません。介護職の感情を利用者に伝えることも必要です。介護サービスを提供する際、介護職は無言でサービスを行うのではなく、必要なことは言語化します。言語は人間関係に基づいて交わされます。そこには「態度」というものがあり、態度は思想を反映します。

図7 ●介護は人間関係

> ①介護は人間関係を基盤とする
> ②人間関係とは一人一人の態度である
> ③態度とは思想である
> ④思想とは人間観、社会観であり、ひいては介護観となる

　たとえば老化や病気、障害で介護が必要になるなど、生活困難な課題をもつ人が、生活困難をどう乗り越えるかをお手伝いするのが介護です。個々のサービス、入浴サービスや食事の介助などは目に

見えるものですが、人間という存在のすべてにかかわるものではありません。図7の「人間観」とは、個人が自己の人生や生活をどう捉えているか、ということで、目に見えるものではないのです。

また、目に見えるサービスを得ても、人間には「どう生きるか」という「欲求」があり、それが「自立」の意識を高めていくのです。

介護職の態度（思想）の源流

こうした介護観は、実はまだ確立していません。しかし、以上のようなことを語ることができる人が増えれば社会は変わり、介護観も変わっていくでしょう。

介護サービスという「目に見えるもの」は、目に見えない介護観（価値観）によって裏付けられ、支えられているのです。

介護職の態度（思想）はどこから生まれるのでしょうか。思想は「人類の思想」「社会の思想」「個人としての思想」に分けることができます。人類と社会の思想は、過去の戦争などから人類が追い求めてきた思想的変革の歴史を反映したもので、日本国憲法の前文や国連憲章、世界人権宣言などに明記されています。

介護職は、こうした流れを学ぶ必要があるでしょう。

介護観を個別的に考えてみる

一期一会の気持ちが信頼関係を築く

「介護は利用者との信頼関係を基盤とする」ことを考えます。一般社会は、すでに信頼関係を基盤にしているといえます。

介護における信頼とは「出会い」つまり初対面における信頼が基礎になっています。心理学用語で2人の間にある相互信頼の関係を示す「ラポール」という言葉がありますが、一期一会の気持ちが信頼関係を築きます。毎日同じ人に会っていても、「これが一期一会

の素晴らしい出会いだ」と思う心が大切なのです。

　私は終末期ケアを行う施設を見学したことがあります。そこでは調理を担当する人が利用者に提供するおかゆのコメをすり鉢でていねいに潰していました。そこまでする必要があるのか、と不思議に感じた私が、そのことをたずねてみたところ、調理人は「利用者にとって最期の米になるかもしれません。米の味を少しでも残したおかゆを作りたいのです」と答えました。

　施設の職員の作業は平凡に過ぎていきます。しかし、平凡ななかに、一期一会の思いが込められていることがわかるのではないでしょうか。利用者と職員との信頼関係は、こうした思いから生まれていくのです。

　また、ALS（筋萎縮性側索硬化症）と闘う方の家庭を訪問したときの話です。話を聴くうちに日が暮れてきました。するとご主人は、奥様に向かってしきりに目で伝えようとします。何を伝えようとしているのかと奥様に聞くと「日が暮れるから門灯をつけなさい」と伝えているとのことでした。ALSで体は不自由でしたが、彼は家の主人として奥様にそう伝えたのです。お互いに人格をもつ者同士が礼を尽くそうと、それを実践されたのです。偶然に近い出会いであっても、それを大切に、社会的礼儀を尽くす。これも一期一会の気持ちが現れた例といえるでしょう。

　介護の例を挙げましたが、いずれも介護の専門性の根底には、人格をもった人間同士の関係があり、そして、社会的な信頼関係を基礎にしていることがわかると思います。

信頼関係が介護の基礎

　人間はさまざまな条件下で生まれ、育ちます。教師も学ぶ人も一期一会です。そこから長い年月を経て社会の役に立つのです。その期待があることから私は、若者や学生に絶望しません。

　ある養護施設の理事長をしていたときの経験です。そこには3歳

から15歳までの子供たちが家庭での虐待などを理由に入所していました。年末、クリスマスのイベントには親のいない、または親と一緒にいることができない子供たちが揃っています。3歳の子供が高校生の膝に座って楽しそうにしています。かわいそうに思えるかもしれませんが、家に帰るともっと悲惨な事態が待っているのです。

　ですから私たちは、全力を挙げて面倒をみよう、幸せな気持ちになってもらおうとしました。子供に幸せになってほしいという気持ちは、養護という場を超えて人間に対する信頼を生むでしょう。

　そして、介護職には必要な情報を伝えることが求められます。これは信頼関係の基礎となります。介護職が利用者と家族に適時、適切な情報を伝えなければ信頼は生まれてきません。

　ある施設で、施設側も利用者本人も原因がわからない痣ができたとします。このとき施設側は原因が不明でも「わからない」というのではなく、利用者や家族と真摯に向かい合って悩み、家族とよい方法を探していかなければなりません。原因のわからないけがや打ち身などで、現場は途方に暮れることがあるのは確かです。しかし、利用者、家族の身になって真摯な対応を怠ってはならないのです。

　利用者は心の悩みや不安、絶望といった気持ちにかられることがあります。直接的に対応する専門職によるセラピーやカウンセリングといった方法がありますが、現場では一般の介護職にもカウンセリング的な信頼関係が必要になることがあります。

　ある介護職は、重度障害者に対してカウンセリングをするような知識も自信もなかったので「その人に寄り添うしかなかった」と話しています。寄り添う、すなわち、「私もどうすればよいのかわからないから、あなた（利用者）と一緒に考えていきましょう」と話し、行動したのです。話し合える介護職は、利用者にとって素晴らしい友人です。この信頼関係が介護の基礎となるわけです。

　人間同士が悩みを共有し、寄り添いながら、品格をもってつき合っていくことで信頼が生まれていきます。

自分の人生は相手によって生かされている

介護職は生きがいをどこに求めるか

自分の感動は相手によってもたらされている

　ここでは介護職にとっての人生を考えていきます。
　介護は相手との人間関係による仕事で、物品を売買して売上が上下するものではありません。経済の需給原則や自動車の販売台数とは違います。人を相手にする職業ですから、相手との関係によって介護職に生きがいを求めていくことになります。
　以前、介護関係の大学に通う学生と話したことがあります。その学生は実習で重症心身障害の子供の介護をしました。学生が帰るとき、その子は絞り出すような声で「ありがとう」と言ってくれたそうです。「鳥肌が立つくらい感動しました」と彼は話していました。鳥肌という表現の是非はともかく、相手によって感動がもたらされたのです。
　「ありがとう」の一言で介護という仕事に生きがいを見出したのかもしれません。自分の感動は相手によってもたらされている。自分は相手に生かされている、ということです。

「自分の一部」という考え方

　哲学者の務台理作は著書『場所の論理学』で「つつみ・つつまれ

る関係」として次のことを説明しています。

> 主体とは、内にありながら、同時に外を包むことの出来るもののことである。なるほどそれは主観的といえば主観的でありますが、しかし単に内だけに止まらずに、内から外に出て外をつつむことが出来るもの、或は外に出るということが考えにくいというならば内にありながらよく外をつつむことのできるものでありまして、如何なるものかといえば、即ちこれが心の存在にほかならない。主体とは心の存在のことである。

　会社員が「自分は会社の一部」と考えた場合、人生はつまらなく思えるかもしれません。しかし、「自分の人生にとって会社はその一部だ」と思うことができれば幸せになれるのではないでしょうか。人間の喜びは、会社を自分の人生の一部とすることで得られるということです。会社や学校は自分の一部であり、自分はそれらを包んでいる。そのように考えることで生きがいが生まれるわけです。

　利用者から見れば、介護職は自分の人生の一部です。一方、介護職は、「介護は仕事だが、自分の人生は介護によって生かされている」と考えられるかどうかのポイントになるといってよいでしょう。そのためには「利用者が自分を信頼してくれる」という実感が感じられるように介護しなければなりません。

介護は互いに学び合い、助け合うもの
　WHOが2001年に採択した「国際生活機能分類（ICF）」の概念のうち、難しいのは「活動・参加」についてではないでしょうか。活動・参加には本人が主体的に参加するという意味があり、中心には「社会」があるように思えます。そして、この「社会」という現実の世の中には障害のある人がいるのですから、「社会は障害のある人から学んでいる」と考えるべきなのです。障害のある人は社会

に何も与えていないのではなく、与えるものがあるわけです。そのことを社会が受け止め、ともに生きていくことが、活動・参加の基盤となるのです。
　社会の基本的な構造を見ても同じです。それは医師と患者、介護職と利用者の関係でも同じです。介護は与えるものではなく、互いに学び合い、助け合うものです。

第 2 章 人間性と文化

自分を理解しなくては相手も理解できない

外形的理解と内的理解がある

　一口に「人を理解する」といっても、そこには「外形的理解」と「内的理解」があります。

図8 ●外形的な理解と内的な理解

外形的理解

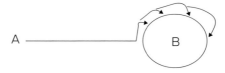

AのBに対する理解は量的データ（数字で表せる）

内的理解

AはBの心に入らなければ洞察（insight・心の中の景色）を見ることができない

図8にあるように、外形的理解では、AのBに対する理解は表面的で、生活状況や健康状態のように量的データで示せる範囲です。一方、内的理解では、AはBの心に入らなければBの心の中の景色（insight）を理解することができません。この場合、Aの心が豊かであるほどBを理解しやすくなります。

　「豊か」というのは共感することだけでなく、思いやる気持ちがあることです。

　確かに、重度の障害のある人たちの気持ちを察するのは大変です。たとえば生まれながらにして音が聞こえない人は、「ことば」（日本語）の上達が遅くなることがあります。それは成長の過程で耳で聞いて覚える情報が得られないからです。たとえば「花」や「山」「川」といった名詞を覚えることはできても、それを文章化するときに必要となる「〜は」「〜の」といった助詞の使い方を学ぶことが課題となります。職業訓練にはそれらの障害をよく心得て行うことが求められます。介護職は利用者の障害の重さを思いやる気持ちをもたなければなりません。

　私は長年、障害をもつ人の生活支援に携わってきましたが、そこで得たさまざまな経験が今の自分の心を豊かにしている、と感じます。繰り返しになりますが、「介護は一生かけて一人前」の仕事なのです。

人間は一人一人が皆、現象と心の中にあることとは違う

人間を理解するということ

その行動（現象）には目的がある

　介護職は偏見をもたずに人間を理解することが大切です。直接的に目に入ることだけを理解するのではないことはいうまでもなく、精神疾患があるからとか、高齢だからなどの先入観をもたずに理解するように努めます。

　たとえばデイサービスを利用する認知症の高齢者がいたとします。その人はいつも午後3時になると「自宅に帰りたい」と気持ちが焦り出します。この例をそのまま「3時になると帰りたくなる人だ」と理解するのと、「昔、子育てをしていたころ、3時は子供が帰ってくる時間だった。だから帰りたがっているのだ」と理解するのでは、利用者と介護職の関係がまったく違ってきます。

　認知症の高齢者であっても、その行動（現象）には目的があるのです。現象と、その意図するところをつなぐと理解がしやすくなり、介護サービスを提供する側としては合理的でもあります。

　また、事故によって重度の障害を負った人が、リハビリテーションのために施設を利用しているとしましょう。ところが本人は訓練を嫌がっているように見えます。外から見える面だけを捉えて、「リハビリを嫌がっている、どうしてか」あるいは「リハビリしたくな

るように仕向けるのが施設の役目だ」と考えたとします。しかし、本人には訓練を嫌がる理由があるのかもしれません。本人の希望と施設の考えが乖離(かいり)しているのではないかと考えてみることも必要なのです。

利用者の心の動きを受け止める

　ここに挙げた例で、一定の時間になると帰りたがるのは、周りの人間には見えていない理由があるのではないか、リハビリの訓練を嫌がるのは、訓練による方向が見えないからではないか、あるいは、今の自分の気持ちや心を理解してくれない不満があるからではないかなど——このように考え、利用者の心の動きを受け止め、そこから介護の方法を探るべきだということです。

　認知症の行動・心理症状（BPSD：behavioral and psychological symptoms of dementia）は、私たちの社会とは違った認識、行動に見えることがよくあります。こうしたとき、多くの場合、医学的診断、対応を基礎としながらも、個々の生活機能を支え、高めていく方向にあります。この生活機能にかかわれるのが介護であるということがいえます。

心の動きを受け止めた介護

探しながら正解を求め、検証していく

　かつて、介護サービスは主に医学的視点で考えられていました。現在は患者の思いを受け止め、患者との関係性を考えた「現象学的介護論」が主流となり、ケアプランに大きな影響を与えています。
　すなわち、その人（利用者）の行動様式を「是」と考えることから介護サービスの方法を考えるわけです。
　介護職が行う「医療の役割を超えた包括的な対応」とは、利用者

の生活機能を考えることから始まります。利用者と話し合う、一緒に散歩をする、家族と過ごしているときの様子などから、その人にとって精神的安定をもたらす要素は何かを考えて探します。どれが正しいかはわかりません。探しながら正解を求め、検証（モニタリング）するのが介護職の役割です。

　介護過程は利用者が望むもの、利用者にとって望ましい生活や人生を実現するための思考の過程です。利用者の心は外形的観察のみでわかるものではありません。そもそも人間の生活は与えられた脚本で動いているのではありません。その人の経験や周囲との関係性のなかから築き上げられるものです。ですから介護職も利用者とともに経験をしながら、よい方向を探るのが仕事です。

　数的、実証的側面を重視する現代人は、「確かさ」を求め、因果関係を追求しがちです。

　しかし、人の行動は確かさを求めるけれども、何が確かなのか、いつも迷い揺れながら生活しているのです。そして、確かさが求められるケアプランの作成の根底には、このような人間生活の不安や不確かさのなかから、少しでもより良い生活の志向性を求める思いがあるのです。介護の場合は判断、行動の拠るべきものを示し、そして関係者のコンセンサスによる妥当性を求めていくことになります。その妥当性はその人の主体的な意思決定をもっとも重要な根拠とするのです。

利用者の心の欲求を満たすものを発見していく

　人間の心を反映した行動や言動などを「現象面」といいます。現象面は、その人が認識した世界です。介護では現象面を理解したうえで、入浴や排泄など、必要で妥当性があると社会が考えたことのなかから、介護にとって実行可能なテーマを決めていきます。それが人間の生活にとって必要な条件を満たしているかを考えることが大切です。

心の欲求が「人間らしく」とか「生きがいを求める」などの場合、これらは必要条件ではなく、十分条件なので、ケアプランに直接反映させることはできません。しかし、さまざまな要素を組み合わせ、利用者の心の欲求を満たすものを発見していくのです。

　利用者が認知症の高齢者の場合、ニーズが確かではないこともあります。介護職は利用者の心の欲求を考え、精神的な安定をもたらすような条件を探していきます。そこに介護の妥当性を見出していくのです。

何を知っているのか、何をしたのかではなく、ともにどういう生き方をしたのかが問われる

「知」の概念は2種類ある

「知」は行動の基礎になる

　「知」とは何でしょう。知を「知識」として捉えると、知識を得るとはすでに先人が知っている誰かが獲得したものを身につけることになります。つまり誰かから与えられて身につける、それが知ることになるわけです。では、何のために知るのでしょう。知ることの最終的な目的は、「知」をもって行動の基礎とすることです。知らなければ行動の基礎、つまり基盤ができません。

　人間の「知りたい」という欲求には、楽しみたい、感動したいなど、さまざまな理由がありますが、まとめて考えればそのもとになるものは「知」を身につけたいという探究心、あるいは好奇心です。それらによって行動の基盤ができ、天文学や生物学、細菌学、文学、芸術は発達してきました。

　「知」と行動は表裏の関係にあります。しかし、どの「知」がどの行動につながるかは通常決まっていません。ところが、介護の場合には「知」と行動の関係を特定できることがあります。介護は「生活支援技術」、つまり、人と人との関係に成り立つ技術に裏付けられた行動だからです。それは目標とそれに向かう行動の関係ともい

えます。

　介護職にとっての「知」は人間理解のための知識が含まれます。いかなる状況にある人なのかを知り、支援するための知識を学ぶ——それが行動の基礎になります。

　さらにいうならば、知識を得ることにより、「彼らのために何をするのではなく、彼らとともに生きる」ことを可能にする価値観をもつことができ、行動の根拠になるのです。

　介護の価値観の基盤になるのは、思想的な基盤をもった人間の英知です。それは「自由」「平等」「人間らしい生活」といった人権思想ということができます。人権思想は抽象的な概念で、介護の生活支援技術は具体的概念ですから、人権思想と生活支援技術を直接矢印でつなぐことはできません。抽象的概念と具体的概念を連携するのは難しいのです。

　そこで介護では抽象的概念と具体的概念をつなぐために、「中間項」を設けます。それは社会福祉法や介護保険法という法律や制度などです。これらに介護福祉の概念が加えられることで、国民の大多数が承諾したと考えることになり、国民の意向として介護現場でサービスが提供されるわけです。

「己を知る」ことが重要

　次に「知」を個人の問題から考えてみましょう。

　難病やけがなどにより、一夜にしてそれまでの自分の夢が破れる経験をした人が、人としての尊厳を取り戻すとき、資産としての知識、すなわち誰かに与えられた「知」では解決しない場合が多いといえます。それを解決するものは、究極のところ己に対する「知」です。苦難のなかに己を見出す、つまり「己を知る」ことが解決のための重要な要素といえます。

　「私の絶望や不安、悲しみは、誰かが与えたのではなく、自分が招いた」と考え、与えられた「知」では解決しません。最期には己

が「知」を得ることで解決するのです。

では己を知る力、宝石のような「知 = wisdom（英知）」は、どうやってつくりだせばよいのでしょう。

「知る」という意味では「与えられたもの（知識）を受け入れる」ことが大切です。介護職はさまざまな介護サービスを提供するわけですから、この力を身につけるべきでしょう。

次に「自ら得る『知』」すなわち与えられつつ、かつ自分のものとする力をもてば、己を知る近道を発見することができます。この力があれば、利用者は自らの運命を受け止め、新たな人生設計を見出すことができるのです。これは精神的な活動による「知」です。

与えられた「知」と自ら獲得した「知」は、最終的には融合し、人格的な成長における「知」の働きをつくりだしていきます。

人間の能力とは

アメリカのシカゴ大学社会事業行政大学院教授、ヘレン・ハリス・パールマンが示した人間の能力についての概念を紹介しておきましょう。

図9 ●人間の能力

> ここに用いられる能力とは、個人が問題解決の仕事の中でもち、かつ用い得る情緒的なパーソナリティ構造の面の性質、知的および身体的な面でもっている能力の性質をいう。
>
> 人間の能力（キャパシティ）
> ― 情緒的能力（エモーショナル・キャパシティ）
> ― 知的能力（インテリジェンス・キャパシティ）
> ― 身体的能力（フィジカル・キャパシティ）

図9を介護に置き換えると、「身体的能力」は、残存能力を生かすべく頑張る、ということです。「知的能力」は、残存能力を生か

すべく頑張った結果「今、自分はどうなっているのか」を考えることです。そして、「情緒的能力」は、「どうすればいいのか」、と考えた結果、意欲をもつには精神の躍動があってこそ可能になる、と気づくことです。

　こうした能力を生かすには、苦しみが伴いますが、私は苦しみの過程を経験することも「知」に含まれると考えています。

文化はつくっていくもの、語りつがれていくもの

介護の面から考える文化とは

文化とは人々の精神活動

　世界にはなぜ「文化」があるのでしょうか。人間にはまず生存的欲求があり、物質的な豊かさを求めます。それらが充足されると、次に精神的な豊かさを求め始めます。精神的な豊かさは生活の豊かさにつながり、創造的生活の産物である「文化」が生まれるのです。

　文化には「もの」の豊かさという側面と、「心」の豊かさの側面があります。ものの豊かさを、たとえば食事で考えてみます。食事は単に空腹を満たすという物質としての役割だけでなく、おいしく食べるために調理する、喜んで食べてもらうといった文化的な側面があります。食事を例にしましたが、心の豊かさは、ものの豊かさよりも比重が大きいといってよいでしょう。

　文化は既存にあるものではなく、つくるものです。自ら工夫したりつくったりする人間活動による産物が文化で、これには学問も含まれます。

　文化とは人々の精神活動と考えることができます。精神活動による文化は「認識する」という意味の活動・文化と、後述する「行動の指針」としての文化に分かれます。精神活動の結果として文化は、人々の思想を反映しており、常に変革の歴史のなかにあるといえま

す。

　介護も例外ではありません。

　老人ホームを例に考えてみましょう。先にも述べたように、戦後、老人介護は家族による扶養を中心に考えられており、老人ホームは身寄りのない老人、経済的に困窮した人を対象としていました。その後、生活保護法ができ、1963（昭和38）年に老人福祉法が制定され、特別養護老人ホームが誕生します。経済の発展により家族の扶養が難しくなったという社会の風潮を反映したものともいえます。

　ただし、この当時の社会には、老人福祉などは行政がサービスを決定する「措置」制度によるものと考える風潮がありました。いわゆる「お上のお世話になる」という考え方です。「家の者がお上の世話になるのは恥ずかしいので、行政の車を家の前に停めないでほしい」と言われたりしたものです。いわばマイナスのイメージをもつ文化の時代です。

文化は国家ではなく、人類がつくったもの

　それが劇的に変わったのは1998（平成10）年「社会福祉基礎構造改革について（中間のまとめ）」という中央社会福祉審議会社会福祉構造改革分科会によるとりまとめが発表されてからです。

　そこには、改革の理念の⑦において以下のような項目が明記されました。

>●福祉の文化の創造
>　社会福祉に対する住民の積極的かつ主体的な参加を通じて、福祉に対する関心と理解を深めることにより、自助、共助、公助があいまって、地域に根ざしたそれぞれに個性ある福祉の文化を創造する。

特に重要なのは「福祉の文化の創造」です。つまり福祉は文化であり、「自助」「共助」「公助」が福祉の文化を創造することを示したのです。当時、私はこの言葉に深く共感したのです。

福祉政策は公助だけでは成り立ちません。自助と共助の考えがなければ成立せず、さらに共助がなければ自助も成り立たないのです。

「社会福祉基礎構造改革について」ではもう1つ、以下の項目にも注目すべきです。

●対等な関係の確立

個人が尊厳を持ってその人らしい生活を送れるよう支援するという社会福祉の理念に対応し、サービスの利用者と提供者との間に対等な関係を確立する。

「福祉の文化の創造」と「対等な関係の確立」は、国家の理念であり、介護の柱ともなるものです。

「文化は人々の思想を反映しており、常に変革の歴史のなかにある。介護も例外ではない」という意味が理解できたでしょうか。

変革の歴史は1つの国家がつくったものではありません。人類全体がつくってきたものです。国際的な人権思想の流れがあり、人類が到達した価値、理念が共通の文化となりました。介護を学ぶ者は、このことをぜひ覚えておいてください。

ところで、ここで「自助」「共助」「公助」について、説明しておきましょう。

「自助」とは、自らの生活を自らの意思において営むことです。「共助」は、地域社会において、お互いに助け合いながら生活を営むことです。これらは生活の豊かさを求めるものですから、文化ということができます。では「公助」はどうでしょうか。公助は国民の共通の意思に基づく生活の保障です。これが「行動の指針」となるものです。この指針があるから共助や自助が成立するともいえます。

人間の生活歴の文化を考えることが重要

次に介護職として福祉文化をどうしていくかを考えます。

生活支援技術の基礎は、人間関係を基盤とします。人間関係は互いに助け合う地域の文化的環境に配慮することが必要です。朝、近所の人にあいさつしたり、目上の人にあいさつするなども地域の文化です。

青森県弘前市で教員をしていたときに経験したことです。老人福祉施設を利用していた老人は津軽弁を話し、若い人は理解できませんでした。これでは介護サービスに支障が出ると、地元の人が津軽弁の辞書をつくり老人と若い人とのコミュニケーションが容易になりました。これも生活支援の具体例です。

国家的に考えると、「文化」という言葉は憲法にあります。「健康で文化的な生活」という概念を国家が規定しているのです。「健康で文化的」な日常生活は、国民の生活水準が基準になります。すなわち時代とともにこの概念は変わっていくことになります。

「文化」を個人レベルで考えるとどうなるでしょう。個人にとっての文化は「生活歴の文化」が重要になります。人生の経験や記憶は生活（歴史）の彩りをもっています。生活の彩りを大切にするのが文化です。人間や文化は多面性をもつものですが、介護では多面的である人間の生活歴の文化を大切に考えることが重要になるのです。

介護の専門性は理論と実践の融合であり、理論のない介護は空論である

「人間の尊厳と自立」という価値観は普遍的で客観的、かつ論理的である

人間を対象に価値観の妥当性を求める

　介護には理論があります。同時に専門性もありますから、科学的だということもいえます。つまり介護は学問という文化として語ることができるのです。

　「理論」はヨーロッパ発祥の言葉で、科学的な考え方を意味します。かつて日本が鎖国していた時代、最初の科学は長崎の出島から伝わったオランダ医学でした。江戸時代末期になると現在の神奈川県横須賀市（浦賀）に黒船がやってきました。当時の日本にあったのは、小さな木造の帆船だけです。黒船の衝撃で開国を余儀なくされた日本は、西欧の科学を取り入れ、富国強兵をめざします。

　第二次世界大戦終了後はアメリカに追いつき追い越せとばかりに、科学的発想のもとで復興と発展を遂げました。

　科学性を図解すると図10のようになります。

　自然科学は生活の事象を説明することが出発点です。なぜ物は落ちるのか、なぜ鳥は飛べるのかなどに対する説明がなされたとき、人は感動し、好奇心を満たされ、有用性を認めて尊敬の念をもつのです。

　介護と自然科学が似ているのは、自然科学は「生活の事象」を扱

図10 ●科学性とは

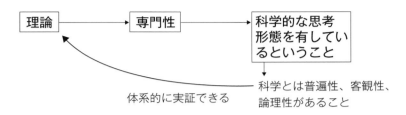

い、介護は「生活の事柄」を扱う点です。

　私は介護福祉は自然科学と共通項のある「人間科学」と考え、実践から特性を見出すべきだと思います。自然科学は生活の事象を個別に分析して計算し、結果を出してきました。人間科学（介護）は、計算ができません。ですから、これまではどうしても自然科学こそ科学の本道であるという認識が優勢でした。

　しかし、「モノを対象に量的な確からしさ（数的妥当性）を求める」のが自然科学なら、人間科学は「人間を対象に価値観の妥当性を求める」ものだということができるのではないでしょうか。事実、「分析して計算できる」ことと、計算はできないが価値観の妥当性を求め続けていくことのどちらが人間にとって幸せをもたらすかは甲乙をつけることができません。

　たとえば「人間の尊厳と自立」という価値観は普遍的で客観的、かつ論理的でもあります。ですから介護という人間科学は、自然科学と同様に科学的なものなのです。

価値観に基づき、データを見て論理的に考えていく

　ここまでの説明を理解しないままでいると、介護職は仕事を続けるうちにどこかでつまづいてしまいます。現在の介護は、どちらかというと量的な確かさを重視する傾向があるようです。しかし、認知症の利用者に対する介護は機能低下してしまった脳を「モノ」

して捉えて対処を考えるケアと、「認知症の人」をどう支えるかを考えるケアの両方からのアプローチが必要です。

　介護に限らず、現代は「客観」が重視されがちな傾向があります。しかし、あいまいな感覚「そうかもしれないな」という納得の仕方もあるのです。むしろ人間社会はおおむね「そうかもしれない」で動いているといってもよいでしょう。すべての人を納得させるのは、明確な答えが出る計算だけではないのです。

　量や価値を計算で算出するものに「アセスメントデータ」があります。介護の世界なら、たとえば車椅子の利用が「1. できる」「2. できない」「3. 介助があればできる」のように数値化するのです。これによってデータを取ることはできます。しかしデータはそこにあるだけで、語ることはありません。データを見て判断するのは人間です。専門職の人は客観性をもっていますが、その客観性は、判断した時点での医学、介護の世界における常識に基づいたものです。

　自然科学も変化しています。ですから、アセスメントデータに基づく判断は、判断した時点における妥当性を求めているわけです。

　介護職は、その時点での価値観に基づき、データを見て論理的に考えなければなりません。しかし、データは判断を下してくれませんから、「このデータから自分はこのように考えるので、こうしましょう」と判断し、決定するのです。

　介護職が押さえておくべきことを図11にまとめました。

　介護の理論と実践は、図11に記した人間生活の課題の解決は論理的な思考過程のもとに行われます。それゆえに客観的で科学的であるということがいえるのです。少し哲学的で難しいかもしれませんが、介護職はこのことを理論として覚えておきましょう。

　この理論は方程式ではありません。介護職と利用者が人間として努力するなかに妥当性のある答えがあり、幸せもあるのです。

図11 ●介護職が押さえておくべきこと

①人は老い、病、心身の障害を負って生きている ⎤ いつの時代でも動か
②しかし、いかなる状況にあっても幸せを求めている ⎦ せない事実
③それではどのように支援していくのか
④いかなる考え方、内容、技術（手順、方法）をもっているか
⑤それは、ある人の独断（思い込み）ではなく、社会的基準に沿って行われているか
⑥それは、国家的理念に基づき、国民の費用をもって行われているからである

第3章

教育

「教育」とは、自分のもっているものを伝える、ということ

論理的、体系的に、わかりやすく教える

学生に考えるヒントを与えることが重要

　教育とは、自分が獲得した知識、技術を伝えること。すなわち「知の伝承」です。教育を受ける側にとっては「学ぶ」ことになるわけです。教育は2種類に分かれます。まず「覚える」こと。知識を伝え、覚えてもらうには、教える側が系統立てて順序よく教えることです。次に「考える」ことがあります。学ぶ側に考えてもらうには、教師自身が考える人、考えることを実践する人であることが求められます。

　介護に限らず、学問には事例研究があります。これは教師が経験し、すでに知っていることを教えるものではありません。教師は沈思黙考する人となり、教師と学生が一緒になって学ぶことで、学生は自分で考える人になるのです。

　事例研究の場合、用意された答えがない場合がありますが、まったく想像がつかない問題ではありません。介護の場合は特に人間の彩りや生活の事例ですから、学生や受講者は考え、おおよそではありますが、答えを導くことが可能です。ただし、学生は若く、経験がないため、答えはどうしても推測の域を出ないものになるでしょう。

しかし、教師には実践経験があります。自分の経験したいくつかの事例から類推して考えたり、医学・心理学・介護などの基礎知識を生かすこともできるでしょう。

　これらを総合した結果、事例研究では「ある病気によって生活が不自由になっており」「絶望と不安にかられている」という答えを導くことができるでしょう。「ある病気によって──」の部分は教師の医学的な基礎知識によって類推できる部分で、これは"動かせない事実"となります。「絶望と不安──」については事例をもとに類推して考えたことであり、介護サービスによって解消可能、つまり"動かせる事実"ということができます。

　学生には基礎知識がないため、前半部分をそのようなものとして理解することになります。後半部分は傾聴や共感などによって、人間としてわかる可能性があり、また、わかるよう努力していくことになります。

　介護教育に携わる教師は、このように問題を"動かせない事実"と"動かせる事実"の2つに分けることにより、学生に考えるヒントを与えることが重要です。

いかに判断するか、その思考過程を示すこと

　このように説明すると簡単そうですが、実践するのは非常に難しいといえます。事例研究は「AだからBである」とはいえないものですから、教師自身も考えなければなりません。ですから、教える側は「ここまでは、このようなこととして学んでください。その先は『人間の本質的な課題として』考えていかなければなりませんね」と真摯に伝えなければなりません。学問は一個人が解決できる問題ばかりではありません。現状と展望を誠実に語ることが、いわゆる「先生の背中」を見せることにつながります。

　このように、教師は教師自身が学び追い求め、喜びを感じていることを学生が理解できるように教育をすることが重要です。

とはいえ、教える内容は論理的、体系的でわかりやすくしなければなりません。特に介護福祉教育は、体系的で論理的である必要があります。

　体系的とは、ある生活の事柄を傾聴し、受容的に聞いて直感的に理解する、つまり概括的に捉えることから始まります。

　次に先にも説明したように「分けて」考えます。そのうえで「何が問われているのか」を判断します。最終的には、その対応についての方向性や課題を考えていくのです。論理的とは、事例によってさまざまな要素があり、それをどのように考え、取り入れていくかを論理明晰(めいせき)に示すということです。医師の見解、施設の見解、家族の見解をいかに比較考量するかを考えます。すべての見解や意見を取り入れることはできない場合、介護職がいかに判断するか、その思考過程を教えます。

　介護福祉教育において、その考え方を示すのが教師の仕事となります。

第3章 教育

「倫理」には2つの解釈がある

価値の運用または行動の指針が倫理

倫理について深く理解すること

　介護教育で「倫理」を教えるときは、まず教師が倫理というものについて深く理解していなければなりません。

　私は倫理について、「倫理とは、今日の自分はどうであったか、と自分自身に問いかけ、反省し、次につなげる『心の内的発展』であり、教育者に求められる姿勢である」と説明しています。

　倫理の意義には、2つの解釈があります。まず「べき論」といわれるもので、人間生活においては「すべきでない」ことと「すべきである」ことがあるとする解釈です。これは「規範型」の解釈といえます。

　次に倫理とは「価値の運用」または「行動の指針」である、とする解釈です。「べき論」はそもそもここから浮かび上がってくるものといえますから、重要なのはこちらの解釈です。

内側からの動機付けを行っていく

　倫理はもともと「人のとるべき道」を示すものでした。ではどのような人間になればよいのでしょうか。

　最初に思いつくのは「法規範を遵守する人間」です。法規範を遵

守する人は、倫理学を学ぶべきだといえます。

　倫理学者・哲学者の和辻哲郎は著書『倫理学』において、倫理とは人と人の間柄の関係の学である、と説きました。

> 　倫理問題の場所は孤立的個人の意識にではなくしてまさに人と人の間柄にある

　人と人との間柄とは、世間（社会）における間柄です。ではどのような人間が求められるのかというと「それは自分に向かい立つ自分を自覚する」人間だとしました。「自分に向かい立つ自分」とは、すなわち自分がやってきた行動を否定する自分です。

　介護の現場で考えるなら、「自分の今日の仕事はこれでよかったのか」「言葉遣いは適切だったのだろうか」と、実際に自分がとった対応とは異なる自分が向かい立っているということです。

　異なる概念を否定せず、向かい合って高みをめざす考え方を「弁証法」といいますが、介護職はまさに弁証法的に考え、内側からの動機付けを行っていくのが理想です。

　すぐに身につくものではないのですが、自発的に心がけないと身につくものではありません。また、こうした努力の姿もまた「倫理」と呼ぶことができるのです。

介護は人類の悲願である

介護職は世界的な見地で「介護」を根拠付ける役割がある

　介護という仕事をどのように考えるかを順を追って解説していきましょう。

〔介護は人類の悲願に向かい合い新たな世界を創る仕事である〕
　①介護は人類の歴史を源流にしたものである
　　　戦乱や混乱、圧政、飢餓などの歴史から長い年月をかけて、介護の根拠となる思想が生まれてきた。
　②結果として、人類はその経験を乗り越え、幸せを求め続けてきた
　　　これを人類の思想として示したのは中世から近世にかけての「ルネサンス運動」と現代における「第二次世界大戦の終結」(1945年) であり、特に第二次世界大戦の終結以降に新しいパラダイムシフト (思想的変革) が生まれた。
　③介護は、人類の思想的変革の歴史のなかに根拠付けられている
　④現代おいては、ノーマライゼーション、障害者の自立生活運動、人間の尊厳と自立、主体性等の尊重といった思想的

> 変革の過程において、介護の思想的根拠がある。
> ⑤すべての人間は一生涯にわたり、幸せを求め続けている

　老いや病、障害のある人に、どのような支援をすれば人間らしい生活をしてもらえるのか、これは長い歴史のなかで追い求められてきたことであり、人類の悲願＝切ない願いです。
　介護職は世界的な見地をもって、介護を根拠付けていく役割をもっているのです。

介護の仕事は「考えること」、常に問いかけるリーダーになる

実践から考えていく

「考える」とは、未知の世界のこと

　まず、「考える」とはどういうことかを探ってみましょう。「考える」人は他者ではなく自分です。自分に対する問いかけがあるということから考えることは始まります。自分自身へ問いかけることなくして、考えることは浮かんではこないのです。

　物理学や医学など他の学問でも、「これはどうなっているのか」という思い、好奇心や探究心が考えるヒントになっていきます。つまり、自分自身が問題点を挙げるということになります。これが考えることの基本となっています。

　介護の場合はどうでしょうか。

　「介護とは何か」と抽象的に考えるというよりも、目の前の利用者を通して「どうするのか」ということを問いかけ、考えることをいうのでしょう。学問において、考えるというのは、既存の知識体系を理解するということではありません。考えるとは未知の世界のことです。教科書に書いてあることを理解するのではないということです。

　未知の世界とは何かというと、それは人間の生き方の話です。私たちは皆、誰かの決めたレールに沿って生きているのではなく、さ

まざまな個別の条件のなかに生活があって、日々状況が変わっていっているなかで生きています。そのような未知の世界です。

その人なりの状況を考えて問いかけるということが介護では根幹となるのです。具体的にいえば、実践から考えていくということです。

実践は日々の経験です。経験がすべてを問いかけるわけではありません。「これはどういうことなのだろう」と考えるために用いられる経験です。それは、本人がわからないことをわかろうとすることではなく、本人も悩んでいる、苦しんでいる、悲しんでいる、というような状況をどうしたらよいのだろうかと考える経験です。

二人の関係性のなかから探っていく

たとえば、医学やリハビリテーションには、学問の知識体系があります。それを学ぶことは大切ですが、それは自分自身のものにはなりません。それぞれの専門家の領域であり、専門家に任せるべきところです。症状や治療法について、専門家に聞けば、答えてくれるでしょう。

しかしながら、利用者の「どうしたらよいのだろう」という問いかけには、答えてくれる専門家はいません。人間は決まった型の中に生きているのではないので、介護職が利用者の思いを時間をかけて聞きながら、考えていくほかないのです。答えはないのです。答えがないから、問題がないということではありません。

哲学では、このような状況をよく「未知のなかに投げ出される」という言い方をしています。不安になるような状態です。これを一個人の話と捉えるのではなく、学問として捉えることが肝心です。

たとえば、Aさんの考える問題がAさんだけの問題ではなく、Bさん、Cさん、Dさんにも同じような問題、つまり、共通項があるのではないかと考えることです。1人の介護職が考える問題は、人間の問題であると考えるのです。人間とは何かを考えることになり

ます。
　それは、介護を実践していき、その過程のなかから考えることになります。利用者と介護職は、互いに未知の世界を二人の関係性のなかから探っていきます。互いに問いかけを繰り返してよりよき生活へたどり着くことをめざしていきます。これを弁証法的発展といいます。
　たとえば、私がAさんへ問いかけると、Aさんは全知、全能力を傾けて答えをつくろうとします。私もAさんから問いかけられれば、同様に全能力を傾けて答えを出そうとします。そうして発展しながら、考えていきます。他者との応答は私にとって未知の世界です。応答を全力で考えていく、この考える発展の過程のなかで、介護の奥深さを理解していくことになります。
　考えるということは、まずは会って関わって相互関係のなかから経験をしていく、その経験のなかから、問いかけていくことなのです。

ストーリーを組み立てるうえで、「知」が必要となる
　さらに、「考える」ということは、まずストーリーがあって考えているわけではありません。たとえば、精神科医が患者さんを診る場合、患者さんの話のつじつまが合わないような場合、どうしてそのような話になるのかとストーリーを組み立てて考えます。医師であっても、患者さんの話から考えようとします。
　同様に私たちも利用者からさまざまな話を聞いて、これはどういうことなのかとストーリーを組み立てていかなくてはならないのです。これは大変難しいことです。
　このストーリーを組み立てるということは、ある程度、知的な体験がないとできないものです。つまり「知」が必要となってくるのです。「先人たちはどのように考えてきたのだろうか」「この人のもつ障害はどのようなことであるのか」「この人の生活の文化的背景

はどういうものなのか」などを考えるうえで知識をもっていることが大切なのです。

　ここで、間違えてはならないのは、知識から事を考えるのではないということです。知識そのものは答えを与えてはくれません。しかし、知識がストーリーをつくるうえで、有益となるのです。

　実践の現場では、「こういうことではないだろうか」ということを考えて、研修やケースカンファレンスで学習して、自分のものにしていくのです。経験から学習へ、学習から経験へフィードバックしていく、これが介護の「考える」ということです。

考えることを伝えていくリーダー

前へ進むために考えることが基本

　では、どうしたら考える習慣を身につけることができるでしょうか。一般に、目の前に悲しんでいる人がいた場合、ただ「悲しんでいるのだ」と思う人もいれば、「なぜ、悲しいのだろう」と思う人、「この悲しみを癒してあげたい」と思う人もいます。

　人間にはさまざまな思いがあります。悲しんでいるというその状態を受け止めるだけでは考えることにつながりません。どうしたらその悲しみをやわらげることができるのかと前へ進むために考えることが、介護での「考える」ことの基本です。

　生活を支えるためにその悲しみをどうしたらよいかを能動的に考えるのです。考え方がうまくいかない介護職には、「どうしたら、Aさんの悲しみはやわらぐと思いますか」「どうサポートしていくとよいと思いますか」などと問いかけるリーダーが必要です。そうしたリーダーによって、考えることが日々深まっていくことでしょう。

　リーダーは常に「なぜ、こうなるのだろう」と考える力を養うた

めにも、たくさんの本を読み、あるいは自身の経験をテーマ設定して書いていくなどの研鑽(けんさん)を積んでいく必要があるでしょう。介護を単なる思い出話としてではなく、体系的で理論的基礎をもって伝えていくことがリーダーには求められるのです。

日々の基本的態度と統合されるからこそ意義がある

そして、介護で考えるということは、考えることだけに意義があるのではなく、人間の人格的なことと統合されるからこそ意義があるのです。人格とは態度のことです。考えたことが、その人に対する態度によって表現されたことで意味をなしていくのです。

態度にはさまざまなものがあり、そのなかに基本的態度というものがあります。ここでいう基本的態度とは、人間関係における態度のことです。それは、相手の話をよく聴くということです。これがこれまで述べてきた「経験」というものにつながるのです。

図12 ●基本的態度とは

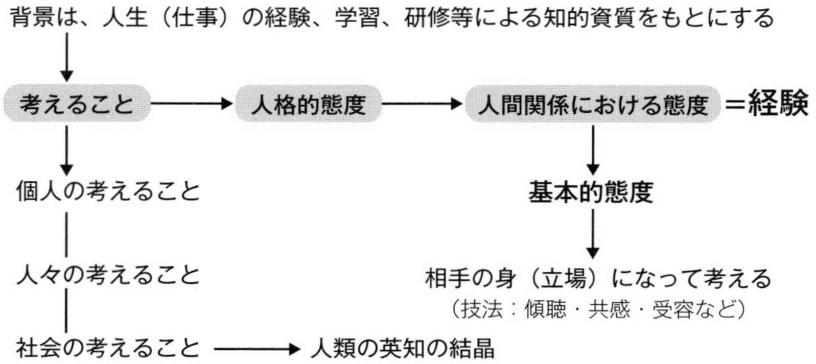

背景は、人生（仕事）の経験、学習、研修等による知的資質をもとにする

考えること → 人格的態度 → 人間関係における態度 ＝経験

↓
個人の考えること
↓
人々の考えること
↓
社会の考えること → 人類の英知の結晶

基本的態度
↓
相手の身（立場）になって考える
（技法：傾聴・共感・受容など）

具体的には、人間の基本的態度のなかで「行動」における態度のことです。

デカルトは、全体を理解したうえで、部分を理解していく考え方

を用いています。全人的理解なくして、介護の「ともに生きること」を実践することは困難です。

「全人的理解」とは「出会い」のことです。初めて会うということではなく、その都度の出会いのことです。人は一瞬にして喜びや悲しみの感情をもちます。毎日、会っていても、毎日、その人は違うのです。特別養護老人ホームで、同じ高齢者と出会っていても、毎日、新鮮なのです。

新鮮でないことの反対は明日がないという思い、つまり絶望です。デイサービスの利用者を迎えにきた介護職員が「あなたに会えてうれしい」という思いを込めて挨拶するのと、淡々と無表情で車に乗ってくださいと伝えるのでは、相手の気持ちはどう違うでしょうか。

毎日の基本的態度、つまり積み重ねの大切さを重視するのです。知っている人と会っていても、毎日「出会っている」のです。

介護過程やケアプランは重要ですが、こうした根本的なことを重視しなくては、意味がありません。人はすぐに変わるものではないのです。日々の出会いのなかで変わっていくのです。

ICFは介護過程のためにつくられたものではない。建築材料である

人は理念をもって生きている

目的に到達するための手段の全体を示す介護過程

　介護過程とは、端的にいうと、計画なくして実践なしということです。人は何かをつくるときに、紙に書くかどうかは別として、頭に思い描いてものをつくります。介護過程に限らず、人間のさまざまな活動（行動）には、目的と手段があります。目的と手段がわからなければ、活動はわかりません（図13）。

図13 ●目的と手段

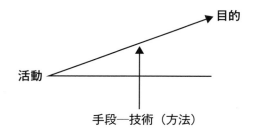

　人間の活動は目的をもって行われます。たとえば、土を掘り起こしている人が、道をつくるためなのか、畑を耕す意図なのかは、目的を理解することで判明します。

介護過程も同じです。手段とは技術（方法・手順）のことで、目的があり、そこに到達するための手段の全体像を示すことが介護過程となります。その具体的な手段あるいは方法を生活支援技術といい、利用者の生活を支えるために介護過程は存在します。それを頭に思い描くだけではなく、紙に書いて誰もがわかるように表したものを介護サービス計画（ケアプラン）、個別支援計画等と呼んでいます。

　計画を立てる際には、目的がはっきりとしていなくてはなりません。介護サービス計画の場合、目的が2つあります。理念として考える視点と生活を営むうえでの目標としての視点です。多くの場合は、介護過程は後者の「生活を営むうえでの目標としての視点」で実践されています。

図14 ●介護過程の目的

●2つの目的
①理念として考える視点……………………人生（生活）においてめざすもの
②生活を営むうえでの目標としての視点 ← 介護過程の実践

　この2つの理解がなくては、ICFを理解できない

　たとえば、テキストでは「自立に向けた食事介助」という項目で具体的な支援の方法が書かれています。自立に向けた食事介助には、理念に基づいた自立という目的がありますが、それは「どうしたら自立に向けた食事介助ができるようになるか」という目的の奥深いところにあります。

　介護過程の多くの場合は、このように理念として考える視点は実践として考えられる概念の背後に隠れています。ここでは、この2つの考え方を解説していきます（図14）。

ICF（International Classification of Functioning, Disability and Health：国際生活機能分類）を理解するためには、どちらも重要です。

ICFの相互作用は国家や文化的背景により変わる

ICFは介護過程のためにつくられたものではありません。ICFは、図15のようにさまざまな要素を連関させて生活をいかに営むかを考えるために図式で表したものです。その相互関係について、WHO（世界保健機関）は次のように示しています。

> ICFが提供するのは、相互作用的で発展的な過程としての、生活機能と障害の分類への多角的アプローチである。これは利用者に「建築材料」を提供するものであり、誰でもこれを使ってモデルを作ったり、この過程を異なった側面から研究したりすることができる。

すなわち、これをどのように組み合わせていくかはそれぞれの国

図15 ● ICFの構成要素間の相互作用

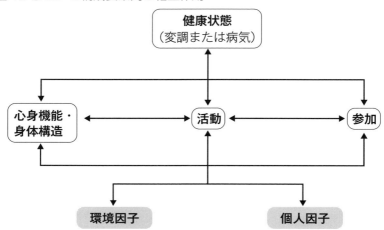

家や文化的背景により変わっていくものです。

　ICF は WHO（世界保健機関）の見解によれば、医学モデルと社会モデルの統合モデルになります。医学モデルは、ICF の前身となる ICIDH（International Classification of Impairment Disabilities and Handicaps：国際障害分類）のことで、障害や疾病があって、その結果、能力低下が生じ、社会的不利があるという考え方です（図16）。

　1980 年代にこの考え方は日本にも広まり、当時、現場で働いていた私は非常に衝撃を受けました。と同時にそれまで体系的、論理的な考え方をもっていなかった自分を恥じたものでした。

　1981 年は国際連合により国際障害者年に指定され、ノーマライゼーションなどの概念が国際的潮流となり、わが国においても思想的な変革をもたらしたものです。

　また、実践上のモデルとして、機能損傷により能力低下が起こり、どのような不利な状況が生じているかということを論理的で明晰に組み立てた医学モデルは当時、有益に用いられていました。治療や改善ということではなく、状況を的確に理解するという概念です。これは静態的視点で、学びやすいものでもありました。論理的であるということは学問において非常に重要です。

図 16 ● ICIDH：WHO 国際障害分類（1980）の障害構造モデル

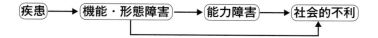

「生活機能」は動態的視点

　その後、改訂され、ICF となり、「Functioning」が加えられました。日本では、「生活機能」と訳されました。これが改訂後の大きな特徴となっています。

ICFでは、「健康状態」があり、「心身機能・身体構造」と互いに関連しています。そこへ背景因子である「環境因子」「個人因子」が加わり、相互に関連付けています。

　これがなぜ難しく感じられるかというと、動態的視点であるからです。「生活機能」ですから、常に動いているのです。静態的視点は、すでに構築された理論、つまり、与えられたものを理解することであり、覚えればよいということですから比較的容易なのです。

　では、「生活機能」は何か、ということになると、キーワードは「活動」「参加」であり、これが介護職の関わる介護過程の新しいコンセプト（考え方の枠組み）になるわけです。これは、医学モデルのようなフローとして右から左へ考えられるものではありません。もちろん、医学モデルは介護過程の前提として基本となるものです。その先の「活動」「参加」への展開は、「生活機能」ということから考えなくてはなりません。

　生活とは、「現実の営み」であり、現実から目を背けることはできません。しかし、人間は現実だけ、つまり、寝て、食べて、排泄するためだけに生きているのではありません。常に何かをめざしている（意図・志向＝理念）のです。

　わかりやすくいうと、「幸せになりたい」「自分らしく生きたい」ということです。この概念が含まれていなければ、現実とはいえません。人間は病気や高齢で体が不自由になってもいかなる状況であっても、より良く生きたいと願っているのです。介護は、そうした状況におかれた人を支援していくことです。

介護の視点でICFを考える

介護の「生活機能」の考え方

　では、その生活のための機能は何かということですが、ICFは考

えるための材料、いわば建築材料ですから、これを介護という視点で考えていきます。

　生活機能は、①人間の本質として考える（活動・心身の活性化〈躍動〉）と②実際の場面から考える――という２つの考え方で捉えます。

　「①人間の本質として考える」について説明しますと、活動とは、いかなる障害があってもいかなる病気であったとしても人間が幸せに自分らしく生きるために心身の機能を働かせることを原型として考えるということです。これは、動かない右手ではなく左手を使って食事をするためにリハビリをしましょうということもあれば、自分で水が飲めない人に水が飲めるような日常生活用具で工夫をしましょうということもあります。

　しかし、それだけではありません。できる・できないの問題ではないのです。「活動」は心身の活性化、躍動ともいわれていますが、心が動くということも含まれます。これまでの生活と違う生活であっても、その人の生活なのです。Ａさんであっても、Ｂさんであっても、人間の本質は同じです。

　実際の場面では、Ａさんの場合、Ｂさんの場合、それぞれの支援を考えていきます。これが「②実際の場面から考える」になります。ターミナルへ向かっている利用者でもその都度、人間の本質から支援の方法を検討していきます。

図17 ●介護の「生活機能」の考え方

生活機能＝活動・参加
　①人間の本質として考える―活動―心身の活性化（躍動）
　②実際の場面から考える

「活動」「参加」の意味を考える

それでも、「最期を迎える利用者に活動という考え方は当てはまらないのではないですか」と問う人がいます。ここで、ICFの考え方は突然、消滅してしまうのでしょうか、そうではありません。最期のときまでその人らしく、皆に尊敬されながら生きたいという思いを支援していくと考えてみるのです。

人間は、自分の一生は価値あるものであったと充実したものであったと思いながら、死を迎えたいと思うのではないでしょうか。

次に「参加」について考えてみましょう。参加というと、一般に何かグループに所属して活動することと考える人が多いでしょう。また、役割というと、会社で重要な仕事をすることなどをイメージすることが多いのです。しかし、子供には子供の役割、おばあちゃんにはおばあちゃんの役割など、存在としての役割もあるのです。その意味で参加とは、役割があるということができます（図18）。

図18 ●それぞれの「参加」（役割）

参加 ┬ Aさん → あるグループに入る…メンバーの一員になる…役割を担っている
　　 ├ Bさん → 施設の利用者…施設の一員…役割を担っている
　　 └ Cさん → 祖母として自宅で介護を受けて生活…家族の一員…役割を担っている

ここで、参加を促進するものを考えていきます。それは、精神的なサポートをする、意欲を高めることであり、より充実したものへと転化させていくことをいいます。阻害因子はそれを妨げるものです（図19）。

意欲を高めるとは、精神的安定と環境的要因をいいます。穏やかな気持ちであったり、快適な状態をつくること、その答えは決まっていません。傾聴や共感から引き出していくものであり、たとえば、「お茶を飲みましょう」「外出しましょう」「歌う会に参加しましょう」

など、選択肢を用意することです。そこからその人の意欲を高め、促進因子となるものです。

そして、それを阻害していくものは何かと考えていくわけです。

そうすると、参加（役割を含む）は「存在の認識」である、といえます。介護でいう「参加」は、利用者がその人らしく生きることへの機会の提供です。介護職が介護の仕事を通して自己の成長を感じ、生きがいを感じるとしたら、その人の存在が重要な役割を果たしているのです。

たとえば、グループワークで発言する人だけが有用なのではなく、無言の人であっても役割があるのです。すべての人の存在を認め、その人へ目配り・気配りをするのです。こうしたその人の存在へのやさしさが生きていることを喜びとする、これがこの場合の「参加」なのです。こうした理解のもとで、WHOのいうように、その理念、行動指針は、わが国の実状に合わせた建築材料としての意味において、介護過程に有効に活用できるのです。

図19 ●活動・参加の促進因子と阻害因子

生活機能 ＝ 活動・参加 → 促進因子 ……より充実したもの
　　　　　　　　　　　　　　　　↓
　　　　　　　　　　　　　　　・精神的なサポートをする
　　　　　　　　　　　　　　　・意欲を高める

　　　　　　　　　　　　阻害因子 ……妨げとなるもの

このようなことから「活動・参加」を通じて言えることは、促進因子となるものは、価値の行動指針であるということです。倫理は人と人との間柄、社会（世間）をよりよいものとしていくことをめざすものです。ここを踏まえたうえで、具体的には教科書にあるような介護過程の事例展開について学ぶことが大切です。

世の中には、1人で生きていけない人が存在する
——重度の心身障害者や認知症の人の尊厳と自立とは

全介助者の QOL の向上とは

QOL には「あるべき姿(理念)」がある

　まず、「重度」の意味を考えてみましょう。障害の法的定義としては、障害程度等級で示される1級が最も重い障害ということになり、一方、介護保険制度では要介護5などが当てはまるでしょう。ここでは、そうした制度としての重度ということではなく、その人にどのような影響を与えていくのかという視点で考えていきます。

　介護過程で、できる・できないという可能性の問題として考える場合、その可能性に限界があると、最終的に行き詰まります。病気の症状によっては、徐々に悪化していくものもあります。そうしたときに現在では、QOL(生活の質、人生の質)を高めるという考え方になってきています。

　では、QOLとは何かというと、国や文化的背景によっても異なり、明確な定義はありません。しかし、日本であってもアフリカであっても、どの国であっても、QOLというときに「あるべき姿(理念)」が背後にあります(図20)。

　たとえば、重度の障害者の例では、よくならない病気であり、ほぼ全介助となるような状況です。そこにいかなる介護が求められる

図 20 ● QOL を高めるとは

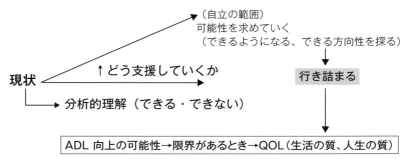

のかが問題になります。

そこには、介護サービスと利用する人、介護職（提供する人）が関わり合っています。利用する人が人間としての誇りを保持しながら、他者への信頼のもとにサービスを受け入れること、介護職がいかなる思想と技術をもってサービスを提供するかということを、介護職自身が自己の誇りと責任のもとに遂行していくことに喜びを探ることで、QOL の向上を実現できるのです（図 21）。

図 21 ● QOL の向上を実現するには

介護サービス と 利用する人 ← 利用する人が人間としての誇りを保持しながら、他者への信頼のもとにサービスを受け入れる

介護職（提供する人） ← いかなる思想と技術をもってサービスを提供するか
介護職自身の誇りと責任のもとに遂行していくことに喜びを探る

QOL の向上

認知症ケアにおける尊厳と自立

介護職の認識によるケアには妥当性が重要

　認知症の特性として、中核症状、認知症の行動・心理症状（BPSD：behavioral and psychological symptoms of dementia）があり、症状の理解として学んでおく必要はあると考えますが、その解説は本書では省略します。

　ここで重要なのは、症状の理解からその人それぞれにどうケアしていくかということです。その視点は、①その症状をもって生きている人の尊厳と自立、②いかなるケアが求められるか（思想と技術）——の2つです。

　ICFにおいて、認知症ケアは「認知症という視点」「健康状態・心身機能」に着眼して考えていくことになりますが、前述した「活動」「参加」と捉えていたことをここではどう考えるとよいでしょうか。意欲を高めるとしていたことを認知症の人の場合、どのような支援を行っていくのでしょうか。

　①の「その症状をもって生きている人の尊厳と自立」から考えていきます。認知症の人の場合、「本人の意思が不明」「意思の疎通が十分にできない」という特徴が挙げられます。このような状況下では、介護職（ケア担当者）の認識によるケアが多くなります。そのケアには、妥当性が示されなければならないということです。

　たとえば、「私」が考えたことを誰も理解してくれない、することすべてが否定される状況というのは大変苦しいものです。認知症の人がその食べ方、洋服の着方、トイレの入り方、すべてをダメだと言われるのはうれしくないのです。しかしながら、本人が「帰りたい」という思いを自己実現といって実際に入居している施設から出ていかれると困るわけです。

　そのようなときに、「本人にどうしたら快くしてもらえるか」と

いうことを介護職は全力で考えるのです。本人の意思を損なわないようにケアしていくことが、尊厳と自立を保持していくことにつながるのです。

　どのような病気の人であっても、精神の躍動（活動・参加）はあると考えて、知恵を絞り（技術）支えていくのです。そして、そのことがカンファレンスなどで皆が同意する形で妥当性をもったものとして、示される必要があります。

図22 ●認知症の人のケア――尊厳と自立、技術

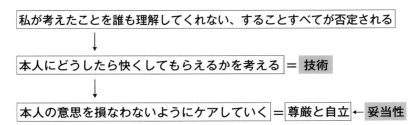

　生きていれば、皆、思い通りにならないことが一度ならずあるでしょう。たとえば、好きな人とつき合いたいと思ってもその人は別の人とつき合ってしまったり、これを買いたいと思ってお店へ行ったら売り切れだったり、と人間は日々願いとは異なった出来事に遭遇しています。

　そうした場合、たいていは、別のことで納得しながら、生きていっています。この「別のこと」を考える視点が大切です。

人生の歩む道に迷っている人とともに生きる

　最後に「思想」について、考えます。

　以前、精神疾患により入院し、作業所のある施設で30年間作業をしていた人がいました。その人は非常に有能な人で、その後、院長が代わり、状況も変わり、施設を出ることになりました。現在は、

ある法人で事務局長をしています。なぜ、こんなにも長い年月の間、施設で作業をしていたのだろうと考えました。人生の旅路によい伴侶（介護職）がいなかったのではと思いを馳せました。人生の伴侶というのはずっとそばにいるということではなく、専門家によるちょっとした支援のことです。

　金銭の管理や日常生活において、世の中には、1人で生きていけない人が存在するのです。電車に乗るにも、買い物をするにも大変苦労して暮らしているのです。そのような人へのほんの少しの支援で生き方を変えられることがあります。自分の人生の歩む道に迷っているともいえる人々に寄り添ってともに人生の旅をしていきましょうと考えるのがここでいう「思想」です。

　こうした支援を行う介護福祉の仕事に百点満点はありません。しかしながら、能力の限りを尽くして支援していく人を必要とする人がいるのです。そのような人を支援していく介護職という仕事は、大変意義ある仕事であると感じます。働いている人に喜びがあることは大切です、このことが、専門性が発展している原動力ともなるでしょう。

第3章 教育

リーダーや教員は影響力を与える立場にあるゆえに品格が求められる

人間性は形なきもの

　まず、人格から考えてみましょう。人格は個性でもあると言い換えます。これは、困難を乗り越えたりするときによく用いられます。人はそれぞれ生活をしながら、さまざまな困難に遭遇します。それを知的なものだけではなく全人的な力でもって克服しようとします。人はずっと悲しいままではなく、いつかどこかで変わっていきます。それを人格的変容ということができます（図23）。

　そうしたものを繰り返して生きていき、個性つまり人格が形成されていきます。成長していくともいえます。

図23 人格的変容

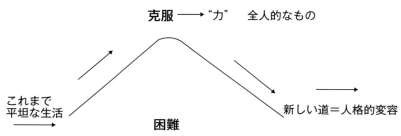

では、なぜ、品格かといいますと、品格に定義があるわけではありませんが、人に影響を与える立場の人においては品格が非常に重要になってくるということです。人に影響を与えるリーダーや教員は、学ぶ者との間にその人の姿をみて見習う、尊敬するなどの関係性があります。教える者は知識を教えると同時に、その教える者のもっている影響力を与えるということでもあります。

　どういうことかといいますと、たとえば、宗教の布教は言葉（紙、本）で伝えていきますが、その言葉だけではなく伝える者の人間性が重要であるということです。

　知的なものを伝えるとは、形あるもの（有形のもの）が主となりますが、人間性は形なきもの（無形のもの）です（図24）。ただ知識がある、頭がよいというだけでも、教育者として十分ではありません。

図24 ●有形のものと無形のもの

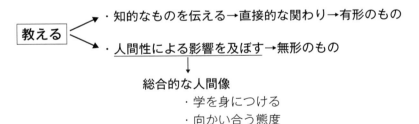

　教育者として大切なことは、第一に、自らの学問に没頭することです。簡単にいうと好きになることです。そして、自らを省みること、常に他者のことに身をおいて考えること、ともに喜び、悲しみを共有すること、これらを総合的に身につける努力をしていくことであり、そうした品格ある教育者は優れた教育者ともいえるでしょう。

図 25 ●教育者として備える品格とは

①自らの学問に没頭する
②自らを省みる（内省する）
③常に他者の立場に身をおいて考える
④ともに喜び、悲しみを共有する

参考文献

ルネ・デュボス（著）、長野 敬、中村 美子（共訳）（1975 年）『人間への選択——生物学的考察』紀伊國屋書店

上田閑照（1998 年）『西田哲学選集第 1 巻　西田幾多郎による西田哲学入門』燈影舎

木村 敏（1991 年）『形なきものの形——音楽・ことば・精神医学』弘文堂

岸本 英夫（1973 年）『死を見つめる心』講談社

上田 敏（1983 年）『リハビリテーションを考える——障害者の全人間的復権』青木書店

花崎 皋平（1981 年）『生きる場の哲学』岩波書店

澤瀉 久敬（1972 年）『個性について』第三文明社

尾高 朝雄（1956 年）『法の窮極に在るもの』有斐閣

フランクル（著）、高島 博、長沢 順治（共訳）（1972 年）『現代人の病——心理療法と実存哲学』丸善

務台 理作（1996 年）『場所の論理学』こぶし書房

ヘレン・ハリス・パールマン（著）、松本 武子（翻訳）（1966 年）『ソーシャル・ケースワーク——問題解決の過程』全国社会福祉協議会

和辻 哲郎（2007 年）『倫理学〈一〉』岩波書店

エリク・H. エリクソン、ジョーン・M. エリクソン、ヘレン・Q. キヴニック（著）、朝長正徳、朝長梨枝子（共訳）（1992）『老年期——生き生きしたかかわりあい』みすず書房

シモーヌ・ド・ボーヴォワール（著）、青柳瑞穂（訳）（1955）『人間について』新潮社

神谷美恵子（2005）『神谷美恵子コレクション　こころの旅』みすず書房

神谷美恵子（1999）『神谷美恵子著作集 1　生きがいについて』みすず書房

黒澤貞夫（くろさわ・さだお）

一般社団法人介護福祉指導教育推進機構代表理事

日本大学卒業。厚生省（現・厚生労働省）、国立身体障害者リハビリテーションセンター指導課長・相談判定課長、国立伊東重度障害者センター所長、東京都豊島区立特別養護老人ホーム・高齢者在宅サービスセンター施設長、岡山県立大学保健福祉学部教授、浦和短期大学教授、弘前福祉短期大学学長、浦和大学学長を歴任。現在、日本生活支援学会会長。

主な著書に『生活支援学の構想—その理論と実践の統合を目指して』（2006年、川島書店）、『ICFをとり入れた介護過程の展開』（共著、2007年、建帛社）、『人間科学的生活支援論』（2010年、ミネルヴァ書房）、『福祉に学び、福祉に尽くす：福祉実践・研究・教育の視点から』（2013年、中央法規出版）、『介護福祉教育原論：介護を教えるすべての教員へのメッセージ』（共著、2014年、日本医療企画）など。

介護は人間修行 一生かける価値ある仕事

2016年2月12日　第1版第1刷

著　者　黒澤　貞夫
発行者　林　諄
発行所　株式会社日本医療企画
　　　　〒101-0033　東京都千代田区神田岩本町4-14
　　　　神田平成ビル
　　　　電話　03-3256-2861（代表）
印刷所　大日本印刷株式会社

ISBN978-4-86439-407-9　C3037　© Sadao Kurosawa 2016, Printed and Bound in Japan
定価はカバーに表示してあります。
本書の全部または一部の複写・複製・転訳載の一切を禁じます。
これらの許諾については小社まで照会ください。